MON CAHIER

MON DRESSING IDÉA

ISABELLE THOMAS

ILLUSTRATIONS : ISABELLE MAROGER
ET MADEMOISELLE ÈVE

SOLAR
EDITIONS

SOMMAIRE

Introduction

Faut-il être riche, mince et avoir un goût très sûr pour *bien* s'habiller ? Non, bien sûr ! Le style, c'est comme le vélo, ça s'apprend au prix de quelques égratignures. Au début, on se prend quelques gadins, mais c'est la meilleure façon de progresser. Car, sachez-le, ce sont justement les fautes de goût qui permettent d'avancer !

Mais il est sûr que si vous restez en uniforme « pull gris + jean noir bootcut » pendant des années, vous ne risquez pas de savoir si le rouge vous sied au teint, si une coupe cintrée vous mettrait davantage en valeur que vos sempiternels hauts droits ou si le pantalon 7/8 vous irait mieux que votre jean de coupe classique.

Il ne s'agit pas d'être un porte-manteau des tendances, au contraire. S'il est important de comprendre de quelle façon les coupes ont évolué ces dernières années pour ne pas paraître totalement démodée, on peut toujours s'habiller en se moquant totalement de la couleur de la saison, voire en ignorant le nom de la petite marque « qui monte » et fait se pâmer d'envie les modeuses. Chic nouvelle, non ?

Seulement l'offre actuelle est si variée, et les consignes de mode parfois si cocasses, qu'on peut vite se perdre dans le dédale des conseils contradictoires : « Fais pas ci, fais donc ça… » Bilan : on reste sur la touche de peur de se tromper ! Encore une fois, l'audace bien dosée paie toujours. En tout cas, mieux qu'un total-look passe-partout, confortable un temps mais toujours lassant et peu gratifiant. Qui peut se contenter longtemps d'une garde-robe beige et noire ?

Ne craignez pas de pimenter votre penderie – et votre vie aussi – avec de la couleur et des coupes qui vous mettent en valeur ! Grâce à *Mon Cahier Mon dressing idéal*, vous allez enfin trouver les formes qui vous flattent et laisser vos complexes de côté, apprendre à mieux vous habiller sans vider tout votre porte-monnaie, faire du neuf avec du vieux, jongler avec votre garde-robe, vous habiller pour toutes les occasions, sans prise de tête. Parce qu'il ne s'agit ici que de plaisir(s) ! Bref, vous allez être « mode » jusqu'au bout des ongles !

Test : Quelle modeuse êtes-vous ?

Alors, comme ça, vous croyez être au-dessus de ces filles qui décortiquent les tenues des *it-girls* ? Eh bien, c'est ce qu'on va voir !

Quel est votre dernier achat ?

■ Ça remonte à tellement longtemps que vous l'avez oublié.
● Un petit pull bariolé repéré sur un *street-style*.
▲ Une combinaison lamée chinée dans une friperie.
◆ Une jolie petite robe noire.

Quel commentaire de la vendeuse vous décide à acheter ?

◆ « J'ai le même ! On le vend très bien. »
▲ « Tout le monde ne peut pas se permettre ce style… »
● « On vient juste de le recevoir ! »
■ « C'est une super-affaire ! »

Quel est votre vêtement chouchou ?

▲ Le prochain.
◆ Votre jean fétiche.
■ Celui qui vous tient chaud sans gratter.
● La dernière pièce sur laquelle vous venez de craquer.

Votre belle-mère vous offre un vêtement qui ne vous ressemble pas du tout… Comment réagissez-vous ?

■ Et alors ? Un pull, c'est un pull !
◆ Vous le portez les jours où vous la voyez…
▲ Et hop, sur leboncoin.fr !
● Vous tentez de vous en accommoder. Une fois.

Que voyez-vous dans votre étagère, côté T-shirts ?

▲ De la couleur, des motifs, des messages, des débardeurs blancs, des T-shirts gris chinés… dans tous les sens.
■ Un méli-mélo de T-shirts trop moulants, trop grands ou délavés…
● Une pile de T-shirts gris chiné, une pile de noirs, une pile de blancs et une pile bariolée.

La pièce la plus chère de votre penderie…

◆ Le manteau qui vous suivra encore l'hiver prochain.
● Le sac fétiche de votre actrice préférée.
■ Une doudoune sans doute.
▲ Des chaussures à talons vertigineux que vous ne portez jamais.

Vous rappelez-vous votre premier jean ?

▲ Vous y avez mis votre premier salaire.
■ Heu… Quelle est la question ?
● Le même que celui de cette vendeuse si stylée, que vous portiez pour sortir.
◆ Un basique que vous avez gardé longtemps.

Vous ne porterez jamais…

■ Un vêtement à la mode ou alors c'est un hasard.

▲ En matière de mode, vous ne dites jamais « jamais ».

◆ Un vêtement trop voyant.

● Un vêtement compliqué.

Craquerez-vous pour la couleur de la saison ?

◆ Vous attendez les soldes pour vous décider.

● Vous commencez par un accessoire avant d'aller plus loin…

▲ Ah, ah ! vous avez devancé la tendance.

■ La mode, ça va, ça vient, alors vous avez sûrement un haut bleu. Ah bon, c'est pas le bleu ?

Acheter les yeux fermés, sans essayer, ça vous arrive ?

▲ Oui, vous achetez beaucoup en ligne !

◆ Jamais de la vie !

● En effet, s'il y a trop de monde dans les cabines…

■ Pourquoi essayer, vous connaissez votre taille.

La citation mode qui vous parle…

● « S'habiller est un mode de vie » (Yves Saint Laurent).

■ « La mode c'est ce qui se démode » (Jean Cocteau).

◆ « Il n'y a pas de mode si elle ne descend pas dans la rue » (Coco Chanel).

▲ « Je ne me tourne pas vers la mode, la mode se tourne vers moi » (Daphne Guinness).

Trouve-t-on des vêtements étiquetés dans votre armoire ?

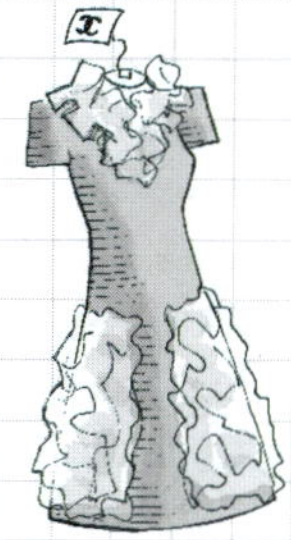

■ Jamais ! Pourquoi acheter des vêtements de luxe pour ne pas les porter ?

◆ Quelques-uns, vous trouverez bien une occasion de les mettre !

▲ En effet, vous avez presque autant de plaisir à les regarder qu'à les porter.

● Oui, mais vous vous demandez parfois ce qui vous a pris de les acheter…

Ce que vous attendez d'une paire de chaussures…

● « Elles donnent du style à n'importe quoi. »

▲ « Elles m'aident à conquérir le monde ! »

■ « Elles me permettent de trotter toute la journée… »

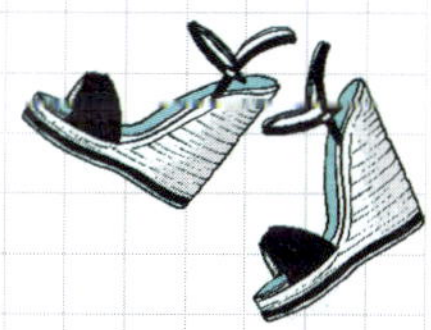

◆ « Elles vont bien avec à peu près tout. »

La faute fashion à éviter, d'après vous…

◆ Porter des chaussettes avec des escarpins.

■ Acheter des chaussures qui ne passent pas l'hiver.

● Ne pas réussir à savoir où votre collègue a acheté sa robe.

▲ Croiser une personne qui porte la même robe que vous à une soirée.

Faites les comptes !

■	◆	●	▲

Vous avez une majorité de ■ : *vous êtes assez « indifférente » aux tendances !*

Votre rapport aux vêtements est essentiellement pratique. Du moins jusqu'à aujourd'hui ! Pour vous, faire du shopping n'est pas vraiment une partie de plaisir. Vous cherchez avant tout à être présentable et à ne pas avoir trop chaud, ni trop froid. Suivre les préceptes de la mode, passer des heures dans les rayons à guetter la pièce rare, faire la queue aux cabines d'essayage parmi des fashionistas aux bras chargés de cintres… très peu pour vous ! Vous savez parfaitement ce qui vous convient : un vêtement confortable, pas cher et sans prise de tête. Cela ne veut pas dire que vous n'appréciez pas les jolies choses. Attention, un incident peut arriver : vous n'êtes pas à l'abri d'un coup de foudre esthétique (« Oh, mais quel beau pull orange ! »), ni d'une prise de conscience (« C'est vrai, j'ai tendance à me cacher derrière mes habits »). Désintérêt réel ou manque de confiance en vous ? Un jour, vous pourriez vous tourner du côté lumineux de la mode, c'est-à-dire vers des vêtements qui mettent en valeur votre féminité et votre silhouette, tout en respectant vos goûts. Vous pourriez même trouver du plaisir à choisir des vêtements le matin et à vous sourire devant le miroir de l'ascenseur : « Oh, c'est moi cette jolie femme ? »

Vous avez une majorité de ◆ : *vous êtes un peu frileuse côté mode !*

S'il vous arrive de feuilleter les pages mode des magazines, vous n'osez pas – pas encore – vous sentir concernée. Peur du fashion faux pas ? Crainte de vous sentir déguisée, de ne pas maîtriser les codes ou de vous entendre dire que vous êtes une « suiveuse » ou, pire, une « copieuse » ? Pour limiter les risques d'erreur, vous préférez vous cantonner à votre panoplie préférée. Pull noir en V, robe droite, jean bootcut, chemise à carreaux, marinière ou autres basiques, peu importe, vous vous sentez bien dans l'enveloppe que vous avez choisie. Donc finalement, vous n'avez pas de raisons d'aller voir ailleurs si les couleurs ou les imprimés ne sont pas plus gais. C'est peut-être vous qui avez raison. D'ailleurs Karl Lagerfeld, toujours habillé de la même façon, ne pourrait pas vous le reprocher. Si vous n'avez aucune envie de tester le sweat-shirt à messages ou de vous glisser dans une jupe crayon en cuir irisé, inutile de vous forcer, vous vous sentiriez à côté de la plaque. En revanche, si vous trépignez de désir face au placard de votre copine modeuse, laissez-vous aller… vous risqueriez bien de découvrir qu'il y a une vie en dehors du petit pull marine.

Vous avez une majorité de ● : *vous êtes une modeuse curieuse !*

Petite, vous adoriez vous déguiser. Mais, alors que vos copines se glissaient systématiquement dans la peau de Zorro ou du Petit Chaperon rouge, vous aimiez varier les plaisirs : un jour princesse, le lendemain superhéroïne. Aujourd'hui, en matière d'habillement, vous fonctionnez de la même façon : vous préférez alterner les styles – glamour, sport chic, rock... Si vous êtes douée, vous êtes capable de changer d'apparence sans brouiller votre personnalité. Bravo ! Même si vous ne craquez pas systématiquement pour les nouveautés, vous pouvez lister les *must-have* de la saison et citer les noms des créateurs en vue. Rien ne vous fait plus plaisir que de vous lancer dans une virée shopping avec une amie qui vous demande conseil. Vous avez l'œil pour repérer l'imprimé à la mode, la coupe qui fait fureur et la couleur dont tout le monde a envie. Et si vous profitiez de votre œil pour aiguiser votre instinct mode ? Allez plus loin, inventez votre style, créez vos mix et découvrez avant tout le monde la prochaine fashion lubie. Bientôt, c'est vous que les autres auront envie de suivre. Ah bon, c'est déjà le cas ?

Vous avez une majorité de ▲ : *vous êtes une modeuse hardie !*

« La vie est trop courte pour s'habiller triste », vous dites-vous. Pour vous, la mode est un jeu, une pirouette, un pied de nez à la grisaille ambiante. Autour de vous, on guette vos tenues, et vous n'aimez pas décevoir votre public. Non pas que vous vous regardiez le nombril, vous aimez les fringues, c'est tout. Un plaisir dans la vie comme un autre. Dans un grand magasin, alors que les clientes se jettent sur les mêmes pièces, vous doublez la foule pour trouver LA robe ou LA veste dont personne n'aurait décelé le potentiel. Porter les chaussures copiées-collées aux pieds de toute la ville, très peu pour vous. Vous adorez fouiner pour dénicher un trésor vintage dans une friperie ou dans l'armoire d'une grand-mère, vous avez l'audace de choisir l'imprimé délicat et la couleur difficile à assortir. Rien ne vous effraye. Vous avez tellement la mode dans la peau que vous faites très peu de fautes de goût comparé aux risques que vous prenez et vous vous moquez des sarcasmes. Tous des jaloux.

Chapitre 1

Quel est votre style ?

Je n'ai pas les moyens d'être à la mode...

Situation : Bien sûr, si vous arpentez l'avenue Montaigne à Paris et si vous vous concentrez sur les pages mode des magazines féminins où les griffes de luxe et les marques du moment se succèdent, vous risquez de grincer des dents. Pourtant, **pas besoin de jouer dans la cour des « grands » pour avoir du style et des idées...** On peut faire travailler son imagination, à l'image des cuisinières qui inventent des plats et les présentent joliment avec trois fois rien. En plus, depuis une vingtaine d'années, grâce aux grandes enseignes (H & M, Pull & Bear, Zara, COS, Bershka, Mango, Kookaï...), on peut s'habiller sans dépenser une fortune, ni se sentir frustrée. Et avec l'explosion des ventes en ligne à petits prix (La Redoute, 3 Suisses, Zalando, Asos, Topshop, Sarenza...), même plus besoin d'habiter dans une grande ville pour être comblée ! Mais attention, acheter bon marché ne veut pas dire accumuler les pulls qui grattent, les ourlets qui tournent, les finitions bâclées et les jupes qui godaillent... Au contraire, il faut être encore plus attentive à ces petits détails qui font mal.

→ Solution : N'oubliez pas les ventes au rabais !

Avant, pour craquer sans trop de remords, on patientait deux fois par an jusqu'à l'arrivée des soldes. Aujourd'hui, tout au long de l'année, on peut acheter à prix réduits en jonglant entre les ventes privées, les avant-soldes, les promotions et les dégriffés. Outre Zalando-Prive.com, Vente-privee.com ou Showroomprive.com qui proposent des grandes marques à prix discount, on peut s'inscrire sur des sites qui permettent l'accès à des ventes physiques de grands noms : Arlettie, Espace NGR...

Le fashion faux pas : Vous sentir obligée d'acheter sous prétexte que ce n'est pas cher !

→ Solution : Visitez les dépôts-ventes...

On y déniche des pièces d'occasion triées avec soin, à la mode de la saison : vous avez donc peu de risque de vous retrouver avec une veste à la coupe vieillotte, et vous pourrez même tomber sur un vêtement encore étiqueté ! On peut aussi trouver son bonheur dans les vide-dressings organisés par des fashionistas et les blogueuses mode qui revendent leurs vêtements à prix cassés. Sans oublier les sites de « seconde main » : Videdressing.com, VestiaireCollective.com, Ugotawish.com... Et bien sûr, leboncoin.fr et eBay.fr.

Le fashion faux pas : L'euphorie qui vous amène à confondre quantité et qualité...

Solution : Allez fouiner dans les friperies !

Le fashion faux pas : Vous craquez pour un vêtement dont l'odeur de cave humide ne partira jamais…

Depuis quelques années, elles fourmillent. Selon leur concept – bazar ou précieuse caverne d'Ali Baba –, on y achète des T-shirts au kilo, on déniche des carrés de soie à 1 euro, des chemises en nylon bariolées ou, si on a l'œil, on tombe sur une merveille. À tenter aussi : les brocantes et les vide-greniers. Renseignez-vous en consultant le magazine *Aladin* ou en allant sur les sites qui répertorient les ventes près de chez vous : Brocabrac.fr, vide-greniers.org, grenier-vide.fr…

Je suis trop grosse pour bien m'habiller…

Situation : Qui a dit qu'il fallait être aussi fine qu'une liane, comme les top-modèles aux jambes interminables et aux proportions irréelles (ou retouchées sur ordinateur) ? Si, depuis des années, les stylistes et photographes de mode choisissent en priorité des filles très minces, c'est pour coller au plus près aux critères de beauté actuels. Surréalistes.

Conséquence, sur un podium ou en vitrine, les vêtements paraissent hautement désirables et bien coupés… Mais une fois sur nous, « en vrai », le décalage est parfois si important qu'il est facile d'en conclure qu'on a un corps difforme ! Pour confirmer la chose, quelques labels fashion français, soumis à des contraintes de production, s'arrêtent à la taille 40 ou au petit « L ». Une discrimination de plus ! On finit donc par croire que la mode est réservée aux tailles standardisées. Heureusement, on peut raison garder et apprendre à s'observer avec bienveillance. On n'est pas parfaite ? Et alors. On ne peut pas se permettre le combi-short vu partout cet été, ni le pantalon jacquard qui sévit cette saison ? Pas grave. On peut avoir du style et du chic sans copier-coller les tics mode du moment, mais en trouvant pile ce qui met en valeur nos atouts : des rondeurs mais un joli décolleté, des kilos en trop mais une taille plutôt fine, un buste de garçonnet mais une nuque gracieuse, des jambes costaudes mais musclées…

Solution : Si on dépasse le 42, on se tourne vers des marques qui proposent des modèles pour toutes les morphologies, les styles et les budgets. Si on sait regarder autour de soi, on se rend vite compte que le choix est plutôt varié : Max Mara, Darel, Mango, H & M, C & A, Kiabi, Asos Curve, Taillissime de La Redoute… habillent les femmes jusqu'au 44 ou 46.

Les « grandes tailles » trouveront aussi leur bonheur en ligne : avec les marques Taillissime, Castaluna, Asos Curve, Marks & Spencer… Sans oublier l'ingénieuse boutique en ligne, Balsamik.fr, qui conçoit des modèles avec des coupes pour seins généreux, ventres ronds, hanches larges, fesses dodues, grandes et petites tailles… Quelle bonne idée !

Je ne suis pas très douée pour m'habiller…

Situation : Certaines femmes ont le don pour dénicher la petite robe de rien du tout qui fait *tilt* une fois portée ou la veste que vous n'auriez jamais remarquée sur un cintre. Elles ont le chic pour réussir des associations de couleurs hasardeuses ou des mélanges audacieux que jamais vous n'auriez osés. Enfin, croyez-vous… Oui, certaines personnes sont naturellement douées pour manier « l'art du chiffon ». Mais, même sans prédispositions, on peut apprendre à tous les âges ! On ne vous demande pas d'ouvrir un blog consacré à la mode, là, maintenant, tout de suite… Alors, pas de panique ! C'est d'abord l'envie qui compte…

Solution : L'envie de prendre soin de soi est un excellent déclic !

Pour les unes, franchir le cap d'une décennie les décidera à s'occuper d'elles ; pour d'autres, ce sera l'envie de décrocher un poste convoité, de démarrer une nouvelle vie, de se mettre enfin en valeur après des années passées à côté de soi… Toutes les motivations sont bonnes.

Pour vous donner des idées, regardez les silhouettes imaginées par les boutiques que vous aimez, les magazines et les blogs avec lesquels vous vous sentez en affinité.

Je ne sais pas comment trouver mon style…

Situation : Plus on gagne en maturité, mieux on devrait (re)connaître les coupes et les couleurs qui nous mettent valeur. *A priori*. Parce qu'en réalité, ce n'est pas toujours si évident. Quand on est timide ou pas très bien dans sa peau, on a du mal à se regarder avec bienveillance. On se focalise sur des zones du corps qui ne nous plaisent pas. Parfois à tort. Ah, cet œil déformant ! Résultat, les complexes s'installent, et on se fige dans un style qui nous convient à moitié.

Solution : On se concentre sur les zones du corps qui nous plaisent le plus...
Par exemple, si on aime ses épaules ou sa poitrine, on trouve des hauts qui changent. L'envie d'habiller les parties du corps délaissées viendra plus facilement. Et puis, il faut apprendre à se regarder dans la globalité sans zoomer sur les détails, comme le font les personnes qui nous aiment.

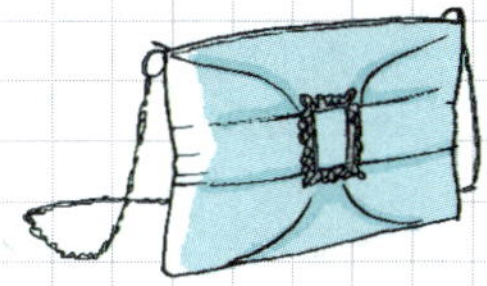

Ai-je vraiment besoin d'un dressing de rêve ?

Situation : Les penderies les plus remplies ne font pas forcément les femmes les mieux vêtues. Accumuler d'année en année les mêmes pantalons et les mêmes pulls, ce n'est pas très gratifiant. Entasser tout et n'importe quoi, cela culpabilise. Qu'il s'agisse de basiques ou de pièces plus extravagantes, l'idéal serait de se limiter aux pièces choisies avec enthousiasme et non par nécessité ou sous l'impulsion d'une fringale de fringues.

Solution : Pour s'habiller à son goût, il faut surtout faire les bons choix et aimer ses vêtements. Si on veut être sûre de ne plus se tromper et apprendre à bien acheter, on peut passer par un professionnel (styliste personnelle, coach en image). Le coût – important – vaut largement les erreurs d'achat qu'on ne fera plus.

Doit-on avoir un look extravagant pour se faire remarquer ?
Tout dépend de ce qu'on a envie de dire de soi ! Pas besoin d'extravagances pour être élégante. On peut avoir une allure tout en discrétion sans pour autant se vêtir d'un noir triste de la tête aux pieds. Et puis il y a des jours où on n'a pas envie de se montrer. Bref, on a le droit de changer de tête et de look selon son humeur et de sortir les paillettes quand ça nous chante !

Exercices pratiques : les bons et les mauvais réflexes

Évitez de…

- ✔ Copier une femme sous prétexte qu'elle a la même morphologie que vous !
- ✔ Rester figée dans un style qui ne vous plaît plus…
- ✔ Faire exploser votre penderie avec des « bonnes affaires » que vous ne porterez que deux fois, au final.
- ✔ Vous laisser intimider par une vendeuse autoritaire ou une coach incompétente.
- ✔ Vous laisser ballotter par des conseils tous azimuts venant de vos proches qui veulent vous rhabiller !

Essayez plutôt de…

- ✔ Trouver le style qui correspond à votre personnalité.
- ✔ Prendre des petits risques vestimentaires.
- ✔ Acheter moins mais beaucoup mieux.
- ✔ Choisir une vendeuse top ou une styliste bienveillante.
- ✔ Écouter votre ressenti profond.

« Une robe devrait être comme des barbelés : efficace sans entraver la vue » (Sophia Loren).

Pourquoi nos proches ne sont pas toujours nos meilleurs conseillers ?
Certains hommes sont superdoués pour reconnaître les vêtements qui iront à leur amoureuse. Ils sont parfois encore meilleurs que les bonnes copines. Mais pas toujours ! Quand on aime, on a tendance à se focaliser sur l'image qu'on a de l'autre. Vision toute subjective ! Par ailleurs, les goûts ne vont pas forcément dans le même sens. Par exemple, on peut avoir deux définitions différentes du chic ou du sexy : si, pour l'un, sexy veut dire « robe portefeuille glamour » et que, pour l'autre, cela signifie « robe moulante et la plus courte possible », ça coince. Parfois, lorsqu'on n'est pas sûre de ses choix ou qu'on veut plaire à tout prix, on va jusqu'à nier ses propres goûts et sa personnalité. Alors, oui pour s'écouter et en discuter. Non, si on n'entend plus ses propres désirs.

Chapitre 2

Vous, en (encore) mieux !

« La beauté vient de l'intérieur », scande le vieux cliché. On est d'accord. Mais quand on se regarde devant le miroir et que nos bourrelets, genoux en dedans, ailes de Batman, poitrine menue, seins volumineux, fesses plates, jambes blanches *and Co* (rayez les mentions inutiles !) nous sautent aux yeux, on se fiche pas mal de notre « beauté intérieure »...

Bon, c'est vrai, le charme et l'éclat comptent bien plus qu'une silhouette aux proportions parfaites mais finalement inexpressive. Et puis, ces complexes qui nous gâchent la vie (du moins, le temps passé face à notre penderie) ne sont peut-être pas si réels.

Pourtant, on se focalise sur des parties du corps qui nous enquiquinent. Alors, oui, on a des défauts, mais ils font partie de nous. Oui, des mollets dodus ou des cuisses trop maigres peuvent nous empêcher de nous habiller comme on le souhaiterait, mais ce ne sont que des détails pour les autres. L'idéal serait alors de s'accepter en bloc : c'est précisément ce que font les personnes qui nous aiment.

On peut toujours s'arranger avec nos vêtements en choisissant des coupes qui minimisent ce qui nous complexe et révèlent ce que nous aimons le mieux. Parfois, il suffit d'un rien pour camoufler un petit bidon, des seins qui dérangent et des hanches larges (non, pas avec un sac sur la tête !) : simplement en troquant des coupes inadaptées et des tissus peu flatteurs par des formes et un tombé plus justes.

Vous détestez vos jambes ? Est-ce une raison pour vous passer de robes et jupes ? Sûrement pas ! Il existe des trucs infaillibles pour se réconcilier avec ses gambettes. Et si vous vous trouvez trop petite – ou trop grande – réjouissez-vous, vous allez bientôt vous aimer !

Quelles pièces privilégier en fonction de mes complexes ?

Petite ? Grande ? Potelée ? Trop mince ? Trop plate ?… Et alors ? On a toutes des différences et des proportions bien à nous. Tant mieux, nous ne sommes pas des robots calibrés sur le même moule. Apprenez à aimer vos formes en vous habillant avec des vêtements qui vous plaisent et vous flattent. Plus vous vous ferez plaisir, mieux vous vous assumerez. Inspirez-vous des conseils ci-après en les adaptant à votre morphologie et à votre style.

J'ai du ventre

De bonnes culottes

Non Aux culottes dont les élastiques vous inventent des bourrelets.

Oui Aux culottes sans couture ou au tanga à la dentelle souple qui ne marque pas.

En bonus : la lingerie (culotte, body), les gaines et les collants « ventre plat » qui dissimulent le ventre et redessinent une taille sans comprimer !

Des formes souples

Non Aux coupes sans style qui essayent de camoufler et créent un effet tonneau (robe-pull avachie, T-shirt trop grand, pull ou gilet dégoulinant, pantalon mou, jean taille basse…) et aux coupes trop moulantes (T-shirt près du corps, robe ou jupe en jersey stretch…).

Oui Aux coupes souples mais avec de la tenue, comme le T-shirt forme trapèze par-dessus un pantalon taille haute pour cacher le ventre, la robe taille Empire qui floute les bourrelets, la jupe taille haute, le pantalon taille haute légèrement carotte…

Des superpositions étudiées

Non Aux sous-couches et aux couches sans cohérence.

Oui Aux jeux de longueurs qui donnent du style et dessinent la silhouette. Exemple : veste à la taille + T-shirt ou tunique aux hanches OU blouson long + pantalon taille haute.

Des couleurs gaies

Non Au noir qui n'a rien de chic s'il est porté pour se faire oublier… Quand on boude ses formes, on cherche à les cacher dans du sombre.

Oui Aux couleurs ! Hissez-les bien haut ! À choisir dans des matières nobles pour un meilleur rendu.

Des imprimés discrets

Non Aux imprimés délirants. On peut être fière de ses rondeurs sans aller vers des extravagances fofolles (ananas géant, gros pois…) et surtout pas chic.

Oui Aux motifs discrets plus élégants (rayure marinière, petits carreaux, petits pois, liberty…), même si on peut tout oser quand on est en paix avec ses courbes.

J'ai des hanches

Des élastiques discrets

Non Aux culottes trop petites et aux collants qui marquent.

Oui Aux dessous à la bonne taille.

Une taille à sa place

Non À la taille basse rarement seyante quand on a des formes féminines, au vêtement trop grand qui ne sait pas où se poser.

Oui À une taille de pantalon et de jupe marquée, à une robe ceinturée.

Des matières qui ont de la tenue

Non Aux tissus mous (jersey, viscose, lin…) qui se placent mal.

Oui Aux matières qui ont « du corps » et structurent la silhouette.

Des coupes féminines

Non Aux formes qui n'en sont pas et vous transforment en sac à patates.

Oui À la robe légèrement trapèze (elle a du style et camoufle), à la jupe ou la robe tulipe qui marquent la taille, à la jupe évasée, au pantalon carotte qui floute les hanches, à la jupe crayon de secrétaire des années soixante si on a le ventre plat, au short boy-friend bien ample, qui trompe l'ennemi.

J'ai des épaules larges

Des hauts délicats

Non Au T-shirt nageur qui fait un buste de crawleuse, aux bretelles fines qui accentuent les épaules, aux décolletés carrés, aux T-shirts trop près du cou.

Oui Aux décolletés arrondis, au col V, aux tops à manches 3/4, à la robe bustier avec une poitrine bien maintenue…

Des vestes structurées

Non À la veste masculine, ample et droite, à la veste épaulée ou avec des fronces aux épaules, au blouson ample, à la veste à frous-frous…

Oui À la veste bien cintrée, au blouson court et près du corps, au boléro, à la veste en jean étriquée, aux manches 3/4, au paletot emmanchures raglan…

Je n'aime pas mes jambes

Des pantalons qui camouflent

Non À tout ce qui boudine les cuisses, les genoux et les mollets, comme le legging et le slim bourré de stretch ou le jean trop serré.

Oui Aux pantalons larges, à la taille haute plutôt que basse pour le style et avec un ourlet qui frôle le sol, aux pantalons étroits mais pas moulants qui tombent parfaitement (en coton ou jersey épais, en laine froide).

Des robes à la bonne longueur

Non Aux longueurs qui risquent de vous donner un coup de vieux (à mi-mollet avec une forme droite au genou), à la robe fourreau et la jupe crayon (sauf si vous avez une taille fine et de grandes jambes).

Oui À la longueur juste au-dessus du genou et à mi-cuisse associés à des collants foncés, aux robes longues…

Des collants collants

Non À la couleur chair, aux couleurs claires, à la brillance et aux motifs fantaisie qui grossissent les jambes.

Oui Aux couleurs sombres (noir, gris, prune), au mat, à l'opaque et aux collants gainants.

Des souliers adaptés

Non À tout ce qui alourdit (bouts trop ronds, semelles qui débordent, brides et chaussures de petite fille, compensés lourdauds), fait saillir le mollet (bouts pointus, semelles trop fines, talons trop hauts), coupe la cheville (low-boots et baskets montantes).

Oui Aux sandales et escarpins à talons pas trop hauts (de 5 à 7 cm), aux compensés, aux chaussures d'homme avec une vraie semelle et du caractère, aux bottines qui montent légèrement au-dessus de la cheville…

J'ai des gros seins

Un bon soutien

Non À la lingerie minimaliste, aux élastiques qui flanchent, aux bretelles baladeuses, aux baleines qui torturent, aux bretelles qui cisaillent, aux bonnets qui emprisonnent, au chemisier avec du stretch qui, si vous oubliez de vous tenir très droite, va tirer sur les boutons.

Oui Aux bretelles et à un « dos » large, avec deux ou trois agrafes minimum, au bonnet emboitant qui laisse la poitrine bouger un peu.

Des hauts allégés

Non Au col rond masculin, au col roulé, à la chemise avec des fronces partout, à la blouse avec des détails compliqués, à la dentelle *cheap*, aux bretelles fines, au polyester stretch…

Oui Au petit col V, à l'encolure bateau, à la blouse vaporeuse poids plume, à la tunique souple.

De la féminité

Non Aux vêtements « camouflage » qui cachent et alourdissent la silhouette (T-shirt d'homme XL, tunique trop grande, robe armure, robe molle sans formes, manches trop larges…).

Oui Aux pièces bien dessinées, à une taille marquée, aux fronces bien placées, aux vêtements qui montrent un peu de peau pour alléger la silhouette (décolleté V ou arrondi, cache-cœur, manches 3/4…).

Des petits imprimés

Non Aux gros motifs (rayures, gros pois, dessins géométriques…).

Oui Aux petits imprimés discrets (carreaux, fleurettes, minipois…).

De la modernité

Non Aux vêtements de dame (twin-set, chemisier stretch, T-shirt beige…) qui « mémérisent », aux matières de qualité médiocre qui vulgarisent un look.

Oui Aux matières douces et subtiles (mousseline, soie, coton, voile de coton, laine, cachemire…) et aux superpositions tout en finesse.

Un buste libéré

Non À l'accumulation de colliers et au foulard à effet de col qui mangent le cou.

Oui Aux jolis bijoux qui calment le jeu…

Comment augmenter le volume de mes seins ?
Oui, on peut être très féminine et ultra-sexy avec des petits seins. D'autant qu'il existe des dessous irrésistibles (en transparence, en dentelle, aux couleurs flashy…). Mais on peut être gênée de ce manque de profondeur ou avoir envie de jouer avec. À vous le push-up ou le balconnet ampliforme ! Sans oublier la robe Empire qui, avec ses petites fronces bien placées et sa forme évasée, sera votre meilleure complice.

Je n'aime pas mes bras

Ils sont rondouillets

Non À tout ce qui les grossit : les emmanchures américaines, les débardeurs, les manches ballons, les bijoux trop fins.

Oui À tout ce qui les flatte : les manches 3/4 ou chauve-souris, les manches longues transparentes, les manchettes ou les accumulations de joncs.

Ils sont maigrichons

Non À tout ce qui les allonge : les sous-pulls moulants, les hauts à bretelles.

Oui À tout ce qui les amuse : la maille souple, les manches de chemise roulottées, les manches ballons, les bracelets sous toute leur forme.

Je me trouve trop petite

Oubliez le style « Je n'ai plus (ou pas encore) l'âge »

Non Au look de petite fille attardée : sweat à capuche + T-shirt à motif « chaton », jean déchiré, baskets ramollies ; au look vieille petite fille : miniblouson, jupe courte à volants, boots à clous ; au look petite madame : talons trop hauts, jupe à frous-frous, top chichiteux…

Évitez tout ce qui tasse

Non Au pull trop ample et trop long ; au pantalon taille basse, large et mou ; au pantalon trompette trop court ; à la veste masculine longue et droite ; aux deux couleurs qui contrastent trop entre le haut et le bas ; aux imprimés envahissants ; aux bottes à mi-mollet ; aux chaussures lourdes ou à bouts trop ronds ; aux escarpins pointus à très haut talon.

Préférez tout ce qui allonge

Oui Au pantalon à pont ou taille haute ; au pantalon 7/8 ou au chino roulotté ; à la robe ou la jupe trapèze ; à la ceinture large qui marque la taille ; aux imprimés discrets : petits carreaux, liberty… ; au monochrome ou au camaïeu de couleurs ; aux foulards longs ; aux bottes étroites avec une jupe à mi-cuisse ; aux chaussures fines, pas trop pointues et au talon de 5 cm.

Je me trouve trop grande

On doit vous envier ! Mince ou ronde, si votre silhouette est bien proportionnée, vous pouvez tout vous permettre. Ensuite, c'est une question de goût et d'allure. Mais sachez que les vêtements très longs ou les talons ne vous sont pas interdits. Méfiez-vous seulement des chaussures trop pointues. Et n'oubliez pas de relever la tête pour garder le dos bien droit.

Chapitre 3

Réveillez votre penderie !

Que celle qui n'a jamais bramé « J'ai plus rien à m'mettrrrre » devant une masse de vêtements parfaitement rangés – ou totalement désordonnés – me lance le premier T-shirt au-dessus de la pile ! À part cas exceptionnels (après avoir vécu plusieurs années dans un ashram en Inde, par exemple), nous avons toutes largement de quoi nous vêtir dans nos penderies. Alors pourquoi sommes-nous persuadées que nous n'avons RIEN ? Voici les explications les plus fréquentes…

Vous voyez tous les jours la même chose…

… Et ce que vous voyez ne vous plaît pas. Ou plus. Ce qui revient au même. Vous savez pourquoi ?
Cochez les propositions ci-dessous qui vous correspondent.

- ☐ Vous achetez des vêtements qui se ressemblent de saison en saison (pantalon noir, pull gris, T-shirt pastel…) et vous en avez assez !
- ☐ Vous vous intéressez systématiquement au-devant des piles en oubliant ce qui se cache derrière.
- ☐ Vous êtes perdue face à un dressing sens dessus dessous : rien ne va avec rien (croyez-vous), vous avez peur des fautes de goût et vous préférez limiter les risques en vous habillant toujours pareil.

Vous sentez que vous avez envie de changer de style

Et vous avez raison, ce n'est jamais pour rien si on éprouve ce genre de désir. Vous savez pourquoi ? Cochez les propositions ci-dessous qui vous correspondent.

- ☐ Vous avez mûri et avez envie de trouver un style qui vous correspond mieux. Il est révolu le temps du T-shirt Nirvana et du short en jean troué (ou des robes tristes de *working girl*).
- ☐ Vous avez perdu ou pris du poids et sentez qu'il est temps de varier les plaisirs.
- ☐ Vous êtes à un moment clé de votre vie (changement de job, de chéri, de dizaine…) et vous avez envie de donner le meilleur de vous-même…

La solution : procéder à un « vrai » tri de penderie

L'intérêt ? Y voir plus clair, retrouver des pièces oubliées et créer de nouvelles silhouettes. Or, on a toujours du mal à garder un œil objectif sur ses vêtements : l'affection qu'on porte à certaines pièces peut nous aveugler au point de nous faire oublier la tache, la bouloche, le côté trop petit ou trop grand, l'aspect vieillot… Conséquence, on continue à les porter (aïe !), ils nous encombrent et nous empêchent de voir les merveilles de notre dressing.

Dans l'idéal, consacrez une demi-journée à votre gros ménage, sans personne (homme, enfants, chat, chien, poisson rouge) pour venir vous déranger. Si vous avez du mal à éliminer, demandez à une amie à l'œil sûr de vous aider. Mettez de la musique et c'est parti : SORTEZ TOUT !

Les vêtements à oublier…

Éliminez les pièces qui n'ont pas suivi vos variations de poids

Vous avez pris des fesses, des seins, du ventre… La veste que vous aimez tant vous aplatit les seins, vos jeans vous boudinent le ventre, le zip de votre jupe préférée menace de lâcher…

Ou à l'inverse : vous avez perdu des kilos et des formes. Vous flottez dans vos pantalons, vous nagez dans vos tops, vous disparaissez dans vos vestes…

Peut-être avez-vous l'habitude du Yo-Yo ? Peut-être sortez-vous d'une période boulot *big stress*, d'une grossesse ou d'un régime zéro clope. Dans ce cas, laissez une chance à votre jean étalon et aux vêtements – encore corrects – de votre dressing.

Si vous vous installez à regret dans une autre taille de vêtements, donnez-vous les moyens de retrouver votre poids de forme (pas de régime bidon qui vous fait perdre 2 kg par semaine et vous en fait reprendre 4 deux mois après). La victoire sera encore plus appréciable si vous vous plaisez dans des vêtements tout neufs.

Jetez les vêtements usés !

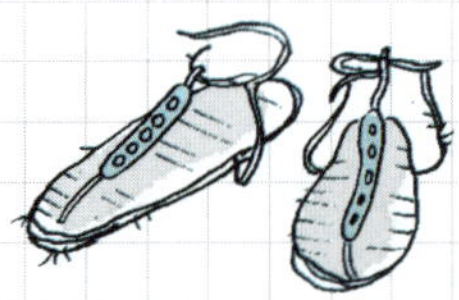

- ✗ Ouste ! les vestes et les manteaux élimés au col et aux bras. Non, ce n'est pas « patiné », c'est *usé* (sauf s'il s'agit d'un blouson en très beau cuir qui a particulièrement bien vieilli)…
- ✗ Les hauts tachés : pas question de les garder, même pour les porter « sous une veste ».
- ✗ Les pulls boulochés : si la petite machine à bouloches n'en vient pas à bout, direction la poubelle !
- ✗ Les T-shirts blancs passés au jaune ou au gris : ils sont juste bons pour le sac à chiffons.
- ✗ Les sous-vêtements ternes : non seulement, ils ne maintiennent plus vos formes efficacement, mais en plus ils vous donnent l'air négligé. Même si vous êtes la seule à les voir, ce n'est pas bon pour l'estime de soi !
- ✗ Les chaussettes orphelines : c'est une règle, on ne retrouve JAMAIS l'autre.
- ✗ Les collants « à peine » filés : ils ne passeront pas la demi-journée mais sauront ruiner vos efforts pour être chic.

Dites au revoir aux vêtements d'un autre âge !

- ✘ Du balai, la veste de tailleur et le blazer aux épaules qui tombent et les manches trop larges et trop longues : ces coupes vieillottes vont vous donner un coup de vieux.
- ✘ Les T-shirts taille 14 ans : en 2005, on les voulait moulants. C'est fini !
- ✘ Les pantalons aux mauvaises longueurs : l'ourlet trop court d'un pantalon large, c'est irrattrapable.
- ✘ Les hauts qui vous donnent un teint d'huître. Et peu importe si vous avez à peine porté ce pull qui vous a coûté « un bras ».
- ✘ Les vêtements « fantaisie » qui ne vous amusent plus : ce n'est plus vous, un point c'est tout.
- ✘ La jupe stretch qui vous oblige à vérifier toutes les cinq minutes si elle n'est pas remontée au niveau du pubis : tout sauf sexy.
- ✘ Le vieux pantalon de cuir qui poche aux fesses et aux genoux : la prochaine fois, vous choisirez un cuir avec du strech.
- ✘ Le pantalon qui vous fait un derrière d'éléphant : ce n'est pas vous, l'éléphant !
- ✘ Le slim taille basse qui dévoile votre culotte : c'est fini le jean d'ado.
- ✘ Le jean défraîchi : terminé le temps où vous ignoriez qu'un jean ça se choisit avec soin.
- ✘ Le pantacourt multipoche : à réserver exclusivement aux randonnées !
- ✘ Les vêtements achetés dans une friperie qui sentent l'odeur de vieux grenier : ils sentiront toujours le vieux grenier.
- ✘ Les accessoires (ceinture, sac, foulard) bon marché qui ont mal vieilli : le simili cuir ne pardonne pas, l'acrylique non plus.
- ✘ Les faux bijoux ethniques *made in China* et autres babioles à trois sous : ils gâchent tout.
- ✘ Les chaussures fatiguées, les talons rongés, le cuir *cheap*, les bouts pointus qui regardent le ciel : jetez sans pitié, ils font baisser le « niveau » de votre apparence.

Vendez ou donnez vos erreurs d'achat

Nous en avons toutes au moins une dans notre penderie : la robe flashy achetée sous l'influence d'une copine ou d'une vendeuse pour nous remonter le moral, le pull trouvé à la va-vite un jour de grand froid, les sandales pas top qui ont remplacé au débotté des chaussures en train de vous ruiner les pieds… Vous culpabilisez parce que vous n'arrivez pas à les porter. Alors, vous les gardez, au cas où elles trouvent grâce à vos yeux.

Le truc c'est de savoir faire la différence entre une vraie et une fausse erreur d'achat. Parfois, il suffit d'associer la pièce délicate avec la bonne paire de chaussures ou avec le haut ou le bas qui va bien. Parfois, il n'y a vraiment rien à faire.

Les vêtements à garder…

Mettez de côté vos pièces préférées

Vous les connaissez par cœur, vous les aimez, vous savez dans quelles circonstances les porter… Elles vous accompagnent sans faiblir. Mais votre dressing ayant sans doute évolué au fil des années, vous pouvez trouver plein d'autres façons de les porter.

✔ Les basiques de bonne facture : T-shirt blanc ou à motifs, chemisier uni ou bariolé, pantalon classique ou jean, bottes ou baskets… peu importe, ce sont vos intemporels. S'ils sont toujours vaillants, gardez-les sans vous poser de questions.

✔ Les pièces des petits et grands moments : dans une penderie, il y a forcément des vêtements que l'on sort moins. Peu importe, il ne s'agit pas de tout porter. Vous pouvez compter sur eux pour les sorties, les loisirs, les fêtes…

✔ Les vêtements oubliés : la règle qui prétend qu'il faut se débarrasser de tout ce qu'on n'a pas porté depuis deux ans est discutable. Elle est exacte si le vêtement en question ne vous va pas ou ne vous met pas en valeur, s'il est de mauvaise qualité ou passé de mode. Elle est fausse si c'est une question de mode d'emploi, c'est-à-dire si vous n'avez jamais su avec quoi le porter. Il est temps de trouver enfin les bonnes associations.

Essayez les vêtements sur lesquels vous avez des doutes

Vous avez du mal à les combiner, vous ne savez pas comment les associer… Peut-être êtes-vous trop timide ? Si la forme et la couleur vous mettent en valeur, ce serait dommage de les oublier. C'est le moment de vous lancer et d'inventer de nouvelles silhouettes.

Composez des looks

Comme le ferait votre styliste personnelle, créez des associations et d'autres façons de porter vos vêtements : un haut + un bas + des chaussures. Inventez ces looks sur vous ou, plus simple, à plat sur votre lit. C'est plus facile avec des vêtements caméléon comme la petite robe noire ou le jean.

Ne craignez pas les mélanges et n'ayez pas peur de dépareiller les ensembles. Soyez audacieuse, sortez de vos habitudes, imaginez des mix inédits. Exemple : cette chemise/cette veste achetée pour l'assortir à cette jupe/ce pantalon, décalez-les avec une autre pièce de votre garde-robe.

Jouez avec les chaussures : ce sont elles qui donnent le ton.

Une petite robe noire n'aura pas le même style si vous la portez avec des bottes plates ou des sandales hautes.

Prenez des photos des silhouettes qui vous plaisent le plus. L'intérêt ? S'en rappeler les matins de panne vestimentaire. Et tous les autres jours.

Rangez vos placards !

Le but : voir d'un coup d'œil (ou presque) ce qui se cache dans votre dressing.

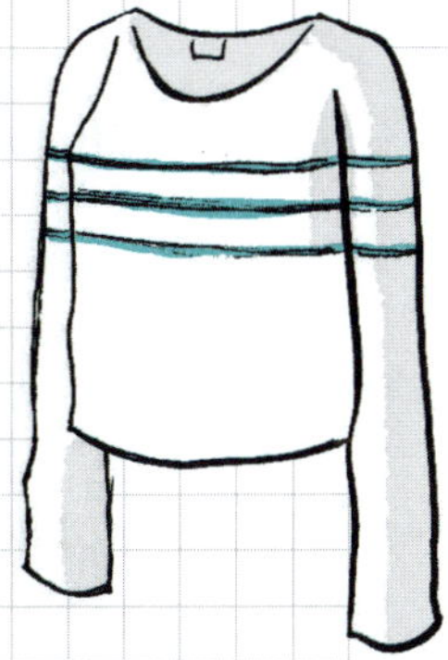

Divisez vos vêtements en 3 saisons

Le plein été : avec les chemisiers à petites manches, les pantalons fins, les petites robes à fleurs, les vestes en lin, les shorts en coton, les sandales…

Le plein hiver : avec les grosses mailles, les pantalons épais, les vestes en tweed, les robes-pulls, les bottes…

Les saisons intermédiaires : avec les vêtements versatiles que vous pouvez porter par tous les temps. Des exemples : la robe légère en soie qui, accompagnée d'un gros gilet en mohair, de collants en laine et d'une paire de motardes, ne craint pas le froid. Le legging en cuir qui sort aussi bien avec un débardeur ample et des claquettes qu'avec un pull XXL et des boots.

Faites des piles selon vos habitudes

Les T-shirts à manches longues/à manches courtes
Les pulls en coton/en laine
Les hauts unis/les imprimés
Les tops clairs/les foncés

L'idéal est de glisser dans des cartons ou des housses de rangement sous vide tous les vêtements que vous ne porterez pas pendant des semaines. Ainsi, deux fois par an, aux grands changements de saison, vous faites un *turn-over*. Procédez de la même façon pour les chaussures.

Mettez le maximum de vêtements sur cintres

Séparez votre penderie en deux. Par exemple : d'un côté, « les vêtements pour travailler », et de l'autre, « les vêtements pour les loisirs ». Dans une première partie, rangez les vestes, les pantalons stricts et les robes pour vos rendez-vous professionnels. Dans l'autre, les blousons décontractés, les jeans et les chinos pour vos sorties ou vos vacances.
Si vous sortez beaucoup, faites une section « les vêtements du soir », avec vos robes à paillettes, vestes chic et hauts sexy…

Un vêtement par cintre !
Si vous accumulez les couches, en quelques semaines, vous aurez oublié ce qui s'y cache.
Rangez culottes, soutiens-gorge et chaussettes dans un tiroir à séparations ou dans de jolies boîtes en carton ou en osier. Glissez les collants dans des pochettes transparentes (sacs de congélation) et notez leur spécificité (fin, très épais, fantaisie…). C'est seulement une fois le tri de votre penderie effectué que vous pourrez juger de ce qui vous manque réellement.

Do-it-yourself !

Quand on fait le ménage dans sa penderie, on tombe souvent sur des piles de T-shirts encore sympas mais qui mériteraient un coup de jeune. Même si vous êtes née avec deux bras gauches, ces travaux pratiques sont à votre portée.

Comment faire groover un T-shirt ?

Matériel

- Un T-shirt basique : vous pouvez le chiper au rayon « homme », le résultat sera plus joli et moderne s'il est ample.
- Un feutre.
- Une bonne paire de ciseaux (oubliez les ciseaux à ongles).

En option : Si votre T-shirt est suffisamment large, vous pouvez aussi créer un débardeur échancré sur les côtés.

Mode d'emploi

1. Avant de couper, tracez la forme de l'encolure sur l'envers. Plusieurs choix possibles : agrandissez simplement l'arrondi, dessinez un V ou imaginez une découpe asymétrique.
2. Découpez en suivant le tracé.
3. Donnez un coup de ciseaux pour raccourcir les manches et le bas du T-shirt.
4. Si vous avez fait un petit cran, rattrapez-le avec des ciseaux plus petits. Mais comme le bord coupé va finir par roulotter naturellement, les petites inégalités passeront inaperçues. Et n'ayez crainte, votre T-shirt ne s'effilochera pas.

Comment rajeunir un sweat-shirt ?

Matériel

- Des ciseaux de couture ou de cuisine (qui coupent net).

Mode d'emploi

1. Saisissez votre sweat d'une main ferme et coupez simplement l'encolure au ras de la couture.
2. Réalisez une fente d'un coup de ciseaux sur 15 cm.
3. Ajustez les manches pour les raccourcir.
4. Découpez le bas 8 cm en dessous du nombril. Le bas et les manches roulotteront joliment.

Comment réveiller du blanc ?

Au fil du temps, T-shirt, chemise et pantalon blancs jaunissent ou se ternissent. Offrez-leur un bain de couleur. Les fibres naturelles (coton, lin, soie) se teignent très bien.
N'ayez pas peur de la teinture prête à l'emploi (en droguerie), facile à utiliser.

Petite mise en garde : Vérifiez que les fils de couture ne sont pas en fibre synthétique, car la teinture ne prendra pas sur eux.

Chapitre 4

Leçon de basiques

Nous avons toutes des pièces, hauts et bas, que nous portons plus que les autres. Elles nous facilitent la vie, vont avec tout, savent se faire oublier, sont confortables et pratiques, nous rassurent et nous accompagnent au quotidien ou dans nos looks les plus audacieux.
Ces pièces ne représentent pas les vêtements les plus remarquables de notre garde-robe, mais c'est justement pour cela que nous ne pouvons pas nous passer d'elles. D'ailleurs, des marques comme l'Art du basic en ont fait leur concept.
T-shirt noir ? Chemise blanche ? Jean ? Pantalon marine ? Petite robe noire ?… Si on peut facilement lister les basiques les plus recommandés d'un dressing, on n'est pas obligée de TOUS les adopter. On peut même trouver les siens en dehors des sentiers battus et préférer, par exemple, une marinière à un T-shirt lambda. De même, si certaines femmes ne portent jamais de jean, pour d'autres, le pantalon en denim sera la base de leur look.
On peut aussi s'habiller essentiellement avec des basiques ou seulement les envisager pour compléter une silhouette. À chacune de choisir ses basiques selon son style, ses goûts, les occasions et les moments de sa vie !

« Je veux faire un vêtement à travers lequel on est soi-même » (agnès b.).

Comment trouver le jean idéal ?

Pas de recette miracle : il faut en essayer plein (parfois, on tombe sur le bon du premier coup !), et se rappeler que **le jean parfait se cache peut-être derrière une idée reçue**.

Le slim ne va qu'aux minces

Faux ! Oubliez ce truc bourré de stretch qui ferait passer une crevette pour un jambonneau. Surtout s'il est « taille basse ». Certes, le slim ne cache pas les formes. Mais si la fourche est bien haute, il emboîtera bien les fesses. S'il est souple sans être mou et pas trop moulant (le slim n'est pas un skinny), il ne vous boudinera pas les cuisses, ne vous aplatira pas, ne moulera pas vos genoux, ne tiraillera pas votre ventre… et vous vous y sentirez comme dans une seconde peau.

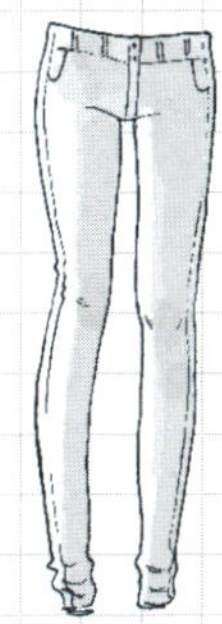

Quant à son cousin le skinny, mieux vaut le réserver aux silhouettes pas forcément filiformes mais élancées. Évitez-le si vous avez des attaches épaisses (effet poteau assuré) et associez-le à un haut élégant (un chemisier fluide plutôt qu'un T-shirt au nombril).

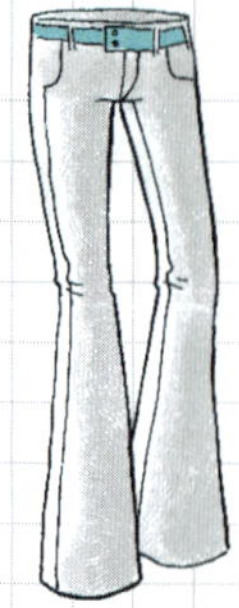

Le bootcut va à tout le monde

Vrai et faux ! Ce jean, étroit sur les cuisses qui s'évase en bas, allonge naturellement les jambes. Mais pour plus d'élégance, on ne le choisit pas trop évasé et bien long. Si le denim est devenu mou à force d'avoir été porté ou s'il est trop délavé, réservez-le au bricolage.

Le jean droit est une valeur sûre

Vrai et faux ! Certes, il ne grossit pas. Coupé dans un denim brut, il est sans faute de goût. Mais ce grand classique n'est pas forcément celui qui vous conviendra le mieux. Pour savoir s'il est taillé pour vous, vous devrez l'essayer. Et pas qu'un seul. Comme pour toutes les coupes, chaque marque a ses déclinaisons.

Le jean boy-friend, ça fait patate

Faux ! Ce jean, de forme carotte, « floute » les formes en dissimulant les fesses et les cuisses. Attention : pour le féminiser et allonger la jambe, il faut rouler le bas, bien marquer la taille avec une ceinture et l'associer à un haut pas trop large glissé en dedans.

Le jean usé, c'est tendance

Vrai et faux ! Si votre jean s'est patiné avec le temps ou s'il a été vieilli artificiellement de façon uniforme, c'est bien. S'il est exagérément blanchi et griffé sur des zones très symétriques, c'est vilain et vulgaire.

Faut-il mettre le prix ?
On peut trouver le jean de ses rêves dans les grandes enseignes. Le truc c'est qu'il se déformera plus vite et résistera moins aux lavages. Mais ce n'est même pas une certitude ! Dans tous les cas, *less is more* : optez pour la simplicité. Et faites votre shopping à bons prix chez Uniqlo, Balsamik ou Levis...

Si vous n'êtes pas sûre de vous, limitez les risques...

- **J'ai les fesses plates** : choisissez un jean avec des poches bien hautes et évitez les jeans sans poches.
- **J'ai des fesses rondes** : comptez sur une coupe droite dans un denim brut.
- **Je suis petite et menue** : selon votre style, adoptez le skinny que vous féminiserez pour ne pas avoir l'air d'un garçonnet, ou le 7/8 qui vous allongera les jambes.
- **Je suis petite et ronde** : optez pour un jean boy-friend roulotté aux chevilles ou un pantalon droit, et évitez l'effet blanchi qui grossit.
- **J'ai du ventre** : misez sur une taille haute qui gainera votre propre taille.

Comment choisir le bon chino ?

À l'origine, ce pantalon droit en toile avec les poches sur les côtés était réservé aux hommes. Le chino est tellement confortable que nous l'avons rapatrié dans nos penderies.

Où le trouver ?

Au rayon « hommes » si on est très grande ou très ronde. Mais aujourd'hui, toutes les grandes enseignes (H & M, Gap, Uniqlo, Mango, Zara…) nous le proposent dans une coupe féminisée : la jambe est plus fuselée et les couleurs chantent. C'est mieux ! Certains modèles ont même du stretch pour plus de confort.

Chino mode d'emploi

Si vous avez la taille mannequin, des gambettes de deux mètres ou si vous êtes toute menue, vous pouvez le porter avec n'importe quoi. Sinon, comme c'est un pantalon droit (on n'est pas au pays du slim), associez-le à un haut relativement près du corps qui ne descend pas plus bas que la taille. Oubliez le pull volumineux ou la tunique. Glissez votre chemise ou votre T-shirt à l'intérieur pour marquer la taille et ceinturez-le. Enfin, pour ne pas tasser la silhouette, pensez à roulotter le bas de un à trois tours selon les chaussures que vous portez. Ne craignez pas de le remonter, le fait de dégager les chevilles crée un joli effet. Essayez les styles suivants, et amusez-vous avec les couleurs : il n'y a pas que le marine ou l'écru. Framboise, citron, bleu lagon, cerise, moutarde… lâchez-vous !

Le chino preppy : une chemise unie + un blazer + des mocassins
Le chino chic : un top dentelle + une veste cintrée + des talons
Le chino casual : un T-shirt à motifs + un cardigan + des baskets
Le chino d'été : un débardeur + des spartiates
Le chino d'hiver : un pull fin à la taille + des bottines

Quelles chaussettes avec mon chino ?

Le chino aime dévoiler les chevilles. En été, tout va bien. Mais dès qu'il fait froid, comment faire ? Montrer ses chaussettes… mais pas n'importe lesquelles !

Non Aux mi-bas transparents, aux mi-bas chair.

Non Aux socquettes de petite fille avec animaux ou fleurs…

Non Aux chaussettes boulochées choisies à la va-vite.

Oui Aux mi-bas opaques, aux chaussettes dentelle ou lurex.

Oui Aux socquettes de grande fille avec pois, rayures, étoiles…

Oui Aux chaussettes pimpantes dans la même nuance que celle du chino ou des chaussures. Ou même – plus audacieux – dans une couleur qui contraste, histoire d'animer les gambettes.

Robe, pantalon : noir c'est noir… mais pas que !

On dit que chaque femme devrait avoir une petite robe noire. Vrai ou faux ?
On dit que chaque garde-robe devrait accueillir un pantalon noir. Vrai ou faux ?
Le noir est-il toujours chic ?

Le noir supporte difficilement le « cheap »

Il ne suffit pas de s'appeler « petite robe noire » ou « pantalon noir » pour mériter un prix d'élégance : il faut que le vêtement soit à la hauteur. Une petite robe noire toute simple et bien coupée sera d'une élégance totale, mais une robe noire en polyester avec de la dentelle en acrylique ne fera jamais chic.

Le noir aime la simplicité

Donc, si on n'a pas les moyens de mettre le prix dans un modèle haut de gamme, on peut s'en sortir avec une petite robe noire ou un pantalon noir en polyester. À condition qu'ils soient bien coupés, ne plissent pas, ne se déforment pas, gardent leur couleur dans le temps et n'en rajoutent pas avec des détails du style : clous, paillettes, frous-frous, ceinture en imitation métal…

Le noir a besoin de s'amuser

La petite robe noire a besoin d'accessoires pour exister. Offrez-lui des chaussures à la hauteur : des jolies sandales plutôt que des ballerines avachies, des boots plutôt que des godillots élimés. Donnez-lui du style avec un bijou, par exemple un sautoir ou une manchette.

Le noir amincit-il ?

Il ne suffit pas de porter du noir pour paraître plus mince : ce n'est pas la couleur qui amincit mais la coupe du vêtement.

Le noir va-t-il à tout le monde ?

Non ! Le noir peut accuser les traits, durcir, faire un teint gris et souligner ce que vous préféreriez camoufler (au choix : cernes, joues creuses, sillons nasogéniens…). Surtout après un certain âge. Dans ce cas, n'en rajoutez pas avec des cheveux corbeau, un trait d'eye-liner et une bouche rouge sang. Adoucissez les traits de votre visage avec un maquillage allégé.
Si le noir ne vous va pas au teint, vous fait un regard las ou ne colle pas à votre tempérament, oubliez la petite robe noire, la petite veste noire, le petit manteau noir… et ses amis en noir. Pensez au gris souris ou au bleu marine, parfois bien plus classe. Ou à toutes les couleurs de l'arc-en-ciel !
Le noir n'est pas une couleur pour un vêtement de camouflage, ni une solution de facilité. Portez-le avec une intention : ayez conscience de vous glisser dans un vêtement, pas dans un chiffon ou un passe-muraille. Et souriez : vous n'êtes pas un corbeau triste mais une joyeuse hirondelle !

Comment reconnaître une chemise blanche ?

Elle donne plus de chic à un jean qu'un T-shirt, apporte de la lumière au visage et va avec tout : jupe en denim, jupe ou slim en cuir, pantalon chino, pantalon de bureau… Bien longue, elle peut même se porter en robe de plage. Mais il y a chemise blanche et chemise blanche.

Comment choisir la bonne chemise ?

Faites votre shopping à petits prix chez Gap, Uniqlo, Monoprix, Zara ou Mango…

Oubliez les matières synthétiques qui font transpirer. Préférez un 100 % coton ou, éventuellement, de la soie ou du lin. Mais, méfiance, celui-ci froisse aussitôt porté. Pas chic.
Optez pour une chemise pas trop fine, ni transparente. Plus elle sera épaisse, moins elle tombera.
Évitez les pinces devant et au dos qui cintrent trop et ont tendance à boudiner.
Fuyez le lycra : une chemise n'est pas faite pour être trop ajustée mais légèrement ample. Si elle vous serre au niveau de la poitrine, du ventre ou des bras, ce ne sera pas joli.
Si vous avez de la poitrine, choisissez votre chemise une taille au-dessus. Peu importe si les épaules tombent un peu, vous la féminiserez en la portant décolletée ou avec une jupe crayon.

Comment faut-il la boutonner ?

- Jusqu'au dernier bouton pour un style « collège » bien affirmé.
- Avec deux boutons ouverts pour travailler.
- Très décolletée sur une lingerie en dentelle pour sortir.

Comment la porter ?

- Glissée dans un pantalon ample (carotte, chino, jean boy-friend).
- Sur un pantalon étroit (slim, legging).
- Dans une jupe (crayon, corolle, droite, trapèze, longue) : c'est plus joli quand la taille est visible.

À noter : Le bas et les manches peuvent dépasser d'une veste, d'un pull ou d'un cropped top.

La chemise d'homme – mode d'emploi

Les chemises du rayon hommes sont beaucoup plus cintrées qu'avant : on peut donc y dénicher la sienne.

- **Vous avez une poitrine généreuse** : vous êtes obligée de choisir une grande taille. Résultat, vous nagez dedans : épaules tombantes, manches trop longues. La solution : roulez les manches et déboutonnez-la afin d'alléger la silhouette.
- **Vous avez des épaules frêles et une petite poitrine** : choisissez votre taille et utilisez-la comme une tunique. Ou bien dessinez la taille avec une ceinture (plus ou moins large), ou encore portez la version cache-cœur nouée dans le dos.

Idée style
Sa cousine, la chemise en jean, est moins sévère. Elle a le don de dévergonder une jupe ou un pantalon trop sévère. Pensez-y !

Chic, une veste !

Obligatoirement présente dans la garde-robe des *business women,* elle a su s'imposer comme un classique incontournable qui donne de l'allure sans avoir l'air apprêtée.

N'hésitez pas à dissocier votre tailleur jupe ou tailleur pantalon.

La petite veste noire

Elle s'accommode de tout : robe classique, jean, pantalon de bureau, short… La matière : laine froide, velours, acétate-viscose… Cintrée et ajustée, elle redessine une silhouette. Selon votre morphologie et le vêtement que vous portez, choisissez-la plus ou moins longue.

Si vous êtes plus robe que pantalon, préférez-la aux hanches. Variante : la version sixties, sans col, avec manches 3/4, à la taille.

La veste de smoking

C'est la version moderne de la basique petite veste noire. Trop sophistiquée pour le quotidien ? Tout dépend de ce qui l'accompagne.

Le jour : Associez-la à un T-shirt ou à une marinière + un jean loose + des boots.

Le soir : Mariez-la à une blouse en soie + un jean brut + des sandales hautes… ou portez-la à même la peau, sur un soutien-gorge bandeau, pour un esprit « rock-chic ».

La veste en tweed

Les moins timorées peuvent s'inspirer du blazer masculin. Si la mode « boy-friend » ne vous inspire pas, choisissez-la près du corps, avec la taille marquée. Non, vous ne ressemblerez pas à un *gentleman-farmer*, ni à une bibliothécaire vieillotte.

Version casual : Mixez-la à une chemise tartan, à pois ou liberty + un pantalon en toile + des baskets ou des bottines.

Version trendy : Détournez-la avec une jupe crayon + une grosse broche + des bottines à talon.

La veste à motifs

Plutôt que de collectionner les « petites vestes noires », allez voir du côté des vestes en couleur (gris, marine, blanc, rose poudre, rouge, bordeaux…), avec des motifs (rayures, fleurs…). Selon les saisons et les occasions, vous serez surprise de constater que les vestes à motifs s'associent sans broncher à des tas de tenues différentes.

Et pourquoi pas une veste en cuir ?

So chic, mais elle demande un effort (financier) si on veut avoir des chances de trouver celle qui nous accompagnera des années « sans broncher » (comprendre : sans se démoder, ni s'avachir ou ternir). Mon conseil : choisissez-la sobre dans un cuir d'agneau bien souple.

À moi, les petits (et les gros) pulls !

À moins de vivre sous les tropiques ou d'avoir un thermostat personnel réglé sur 25 °C toute l'année, on ne peut pas vivre sans une maille chez soi. Mais tous les pulls ne sont pas bons à garder.

Avec certains modèles, vous aurez peut-être chaud mais ne ressemblerez à rien ! Oubliez :

- ☐ Le pull qui dégouline
- ☐ Le pull qui peluche
- ☐ Le pull serpillière ou mité
- ☐ Le pull grunge
- ☐ Le pull « mauvaise mine »
- ☐ Le pull 100 % acrylique

Le pull cachemire : oui ou non ?

Non Si la maille est irrégulière et si les coutures vrillent. Même un 100 % cachemire peut être de mauvaise qualité.

Oui Si les détails sont soignés : il y a des petits points qui bordent l'encolure et les emmanchures, la maille est dense, douce et ne gondole pas. Plus on le lave, plus il est beau.

Le pull angora : oui ou non ?

Non Si c'est la copie du pull des années quatre-vingt-dix : manches gigot ou chauve-souris, bariolages de couleurs qui piquent les yeux, mix de matières pelucheuses, de strass ou de paillettes.

Oui S'il s'est assagi. On n'est pas au cirque. Du pull angora actuel on retient sa douceur et sa sobriété. Point.

Le pull de ski : oui ou non ?

Non S'il prend toute la place dans notre penderie.

Oui Si on s'enroule dedans comme dans un sac de couchage en duvet tout fin et si on le porte avec un bas ajusté pour éviter l'effet « bibendum ».

Comment laver un pull « pur laine » ?
En machine avec une lessive douce, programme laine, 500 tours de séchage maximum. Pas de sèche-linge ! Séchez le pull à plat pour éviter qu'il ne prenne la forme des pinces à linge ou du cintre.

La robe-pull : oui ou non ?

Non Si la robe ressemble à un sac, si la maille est molle et si elle affadit la silhouette. Et toujours non si on la porte avec des escarpins et des collants fins, ce n'est pas la même histoire.

Oui Si elle est tricotée dans une laine épaisse comme un pull irlandais, si elle réussit à vous mouler comme un tube sans faire saillir vos bourrelets, mais pour cela la maille doit être serrée et dense. Et oui toujours, si elle est portée avec des collants opaques et des bottines.

Aïe, mon pull commence à boulocher !
Tous les pulls, même le cachemire de qualité, finissent par boulocher. Plus ou moins. La faute aux frottements (sac et veste). Pour rattraper les dégâts, investissez dans un petit rasoir à bouloches. Efficace et sans danger.

Ne vous trompez pas de T-shirt

Attention, cette petite pièce de rien du tout ne se choisit pas à la va-vite. Même glissé sous une veste de tailleur, le T-shirt peut faire du bruit.

La matière

0/20 L'acrylique, c'est *cheap*. La viscose, c'est agréable mais ça froisse *illico*. Le T-shirt avec du stretch dedans, c'est pour la gym. Le T-shirt avec de la laine, c'est pour avoir chaud sous une chemise.

20/20 Avec du jersey de coton, du coton flammé, un mélange de coton et de lin ou de coton et de soie. Votre T-shirt ne doit pas être trop épais, ni trop transparent.

La coupe

0/20 Finie l'époque où l'on s'enorgueillissait de rentrer dans un T-shirt taille enfant. On ne le porte plus étriqué et ras le nombril, c'est dépassé. Ce n'est pas non plus un sous-pull ou un pull-chaussette. Si vous êtes ronde ou avez beaucoup de poitrine, vous éviterez l'encolure trop près du cou.

20/20 Il ne moule pas, il est légèrement ample, voire très ample et évasé, et descend aux hanches. Une façon de camoufler les rondeurs. Son encolure est ronde ou en V pour plus de féminité et pour dégager le cou.

Les manches

0/20 Les manches qui flottent comme un polo de rugbyman.

20/20 Les manches courtes qui dépassent à peine de l'épaule (3/4).

La couleur

0/20 Le blanc jaunâtre ou grisâtre, les couleurs passées à force d'avoir été lavées.

20/20 Le blanc immaculé qui donne de la luminosité et toutes les couleurs du monde. Sachez que le gris chiné marche avec tout.

Que penser du T-shirt à motifs ?

Enfin, un peu de fantaisie ! Oui, mais pas n'importe comment. Si vous voulez réussir votre bac mode (mais ce n'est peut-être pas votre priorité), sachez faire le distinguo.

Non À la tête de mort en strass.
Au poney rose.
À la pub pour un groupe trash des nineties.
Aux seins d'une top-modèle dénudée.
À la phrase qui fait rire deux secondes.
Au logo clinquant.

Mais dites **Oui** à une jolie sérigraphie, à un dessin qui vous touche ou à un message qui vous interpelle.

Consacrée « pièce de mode » par Coco Chanel, la marinière n'a jamais cessé de nous faire pétiller. Quels que soient l'âge et la morphologie, elle va à toutes.

Mission blouson

Comme sa demi-sœur la veste, le blouson sort le jour et la nuit. Comme sa cousine le cardigan, il sait aussi rester cantonné à l'intérieur. C'est un vêtement versatile qui accompagne les tenues les plus simples ou les plus habillées.

Les bons points du blouson

✔ Il donne une allure plus jeune à la silhouette.
✔ Il est moins guindé que la veste tailleur.
✔ Il a plus de style que le cardigan.
✔ Dans sa version cuir, il se vit en seconde peau, c'est le perfecto.
✔ Le blouson se conjugue de mille façons : en coton, en molleton, en cuir, en peau, uni ou avec un imprimé.

Le perfecto doit-il toujours être noir ?

Non, il peut aussi être marine, gris, chocolat, bordeaux ou rubis. Blanc, il est plus difficile à porter. Surtout s'il est frangé !

Le blouson au travail

Pour l'exporter au bureau, choisissez votre blouson dans sa plus grande sobriété : des boutons plutôt qu'un zip ou des pressions, sans orgie de détails inutiles (pattes sur les épaules, clous, lacets, strass…), dans un tissu un peu lourd ou un cuir souple.

Les 3 règles du blouson en jean

1. **Je choisis un blouson à ma taille** (sous-entendu, j'oublie la veste *eighties* aux volumes d'un autre temps). Il peut même se porter un peu court, étriqué et ouvert.
2. **Je ne regarde pas les modèles délavés,** cloutés, déchirés. J'opte pour un denim brut.
3. **Je ne le porte pas avec un legging et des baskets** mais avec une tenue plus féminine : une robe droite, un pantalon classique, une jupe trapèze…

C'est quoi le cuir ?

Distinguez le noble du… moins beau

- **C'est dans le cuir « pleine fleur »** que l'on fabrique les plus beaux blousons. Il a gardé son épaisseur d'origine, il est à la fois souple, doux et résistant. C'est le cuir le plus cher mais il se patine avec le temps et dure longtemps.

- **La « croûte de cuir »** est le bas de gamme du cuir. On l'obtient par refente de cuirs épais. La croûte n'a pas de côté lisse (on utilise la chair), mais on peut tricher et l'imprimer, l'enduire de vernis ou de polyuréthane pour lui donner un aspect « fleur ». Les blousons en croûte de cuir sont bon marché, mais leur aspect est moyen et ils vieillissent mal.

De l'agneau à la vache

- **Le cuir d'agneau est le plus fin**, le plus doux et le plus souple. On le considère comme le plus élégant, mais attention, il est délicat et ne supporte pas d'être malmené.
- **La chèvre** donne un beau cuir avec un grain serré.
- Le mouton produit un cuir honnête et moins coûteux. On l'utilise notamment pour la peau dite « retournée ».
- **Le veau** est d'excellente qualité mais il est plus cher que la vache.
- **Le cuir de vachette** est costaud et moins fin. Selon le tannage, il peut prendre un aspect plus rustique.

Les looks du cuir

- **Le cuir plongé :** C'un traitement réservé aux belles peaux, en majorité de l'agneau, coloré par immersion. C'est joli mais très fragile.
- **Le cuir nappa ou voilé :** La peau est teintée par immersion puis protégée par un traitement de surface protecteur. Le cuir nappa est à la fois souple et résistant à la pluie.
- **Le cuir grainé :** Il subit un traitement particulier qui fait ressortir son grain.
- **Le cuir vieilli :** On l'associe à des pigments et on le travaille en surface afin de le patiner avant l'heure.
- **La peau lainée ou peau retournée :** L'extérieur est poncé pour un aspect velours et on garde la laine de mouton à l'intérieur. Un vrai radiateur ambulant !

100 % faux cuir : le skaï est une matière synthétique ; quant au latex, c'est une matière végétale.

Chaud mon manteau ?

Malheureusement, la majorité des manteaux actuels tiennent beaucoup moins chaud que ceux de nos grands-mères faits sur mesure. Alors, comment passer l'hiver sans grelotter ?

Un beau manteau, c'est un investissement, on n'en achète pas tous les ans. Raison de plus pour être très vigilante afin qu'il dure longtemps.

Décortiquez l'étiquette. La vendeuse ou l'e-shop vous indique qu'il s'agit d'un « manteau en laine » ou en « laine mélangée » ? Ça ne veut rien dire. Vérifiez par vous-même. S'il contient moins de 70 % de laine, de cachemire, de mohair ou d'alpaga (il a donc été fabriqué avec une majorité de matières synthétiques), passez votre chemin. Sauf si vous n'êtes pas frileuse.

Exigez une doublure. Elle permet au manteau de mieux tomber et de conserver la chaleur. Dans l'idéal, préférez-la en soie ou en coton, votre manteau sera plus douillet et respirera mieux. Spécial grand froid : la doublure en polaire ou en duvet. Sur certains modèles, elle est amovible, ce qui permet de porter son manteau à la mi-saison et en plein hiver.

Regardez les finitions. Boutons en plastique ou en nacre ? Vilain zip ? Ceinture en métal ou imitation écaille ? Col qui godaille ou doublé d'un joli tissu ? Poche grossière ou travaillée ? Le détail tue ou bien donne du cachet.

Privilégiez un manteau *made in Europe* plutôt que *made in China*.

Pensez aux boutiques en ligne spécialisées qui proposent des manteaux en laine de qualité : Lener, Trench and Coat…

Recherchez « une petite main ». Dans votre ville, il y a peut-être une couturière qui serait ravie de vous fabriquer votre manteau sur mesure au même prix qu'un manteau dupliqué en série dans une enseigne mode et pas forcément de bonne qualité.

Very hot ! La fourrure et la peau lainée

Si on n'a pas les moyens, on peut se tourner vers les friperies ou trouver à moindre prix une fausse fourrure esprit « peluche ». Mais attention aux faux poils *cheap* qui brillent. Et au vieux lapin qui se dépoile !

Astuce : La doudoune poids plume et toute fine – avec ou sans manches – à glisser sous un manteau pour avoir encore plus chaud. Chaleur assurée !

Morpho manteau

Vous êtes petite ? Oubliez le mi-mollet et orientez-vous vers une longueur au genou ou mi-cuisse. Évitez les volumes trop généreux et autres manteaux boules.

Vous avez la taille peu marquée ? Fuyez les manteaux à ceinturer comme un peignoir et allez voir du côté des coupes droites ou des formes évasées à partir de la taille.

Vous êtes très ronde ? Évitez les coupes ajustées et préférez un manteau droit, légèrement trapèze ou boy-friend.

Vous avez trop d'épaules ? Pas de fronces sur les épaules, ni d'épaulettes. Oui aux épaules à leur place ou aux emmanchures raglan.

Bon plan : Le vrai caban breton, intemporel, chic et chaud, dans les marques Saint James ou Armor-Lux.

Ai-je besoin d'un trench ?

C'est un compromis pour la mi-saison. En hiver, il vous protégera des intempéries mais pas du froid. Sauf si vous glissez une doudoune fine dessous. Selon votre garde-robe et votre goût, choisissez-le long ou, plus sport, dans sa version courte.

Chapitre 5

Révélez votre look, misez sur les accessoires !

« Si je pouvais être réincarné en un accessoire de mode, ce serait un shopping bag » (Karl Lagerfeld).

« Une femme est toujours trop habillée, jamais assez élégante » (Coco Chanel).

« Ah, si seulement, ma silhouette avait un petit quelque chose en plus ! » se plaignent celles qui ont l'impression de toujours porter la même chose ou qui se trouvent fades comparées à leurs copines « pros du style ».

Les femmes qui savent s'habiller d'un claquement de doigts – du moins le croit-on – ont compris qu'un petit rien peut tout changer. Car tout est dans le détail. Et le détail se trouve souvent dans l'accessoire. Preuve que l'accessoire porte mal son nom. C'est lui qui va donner un second souffle à une robe dont on commence à se lasser. C'est lui qui va moderniser un manteau qui va vers son troisième hiver. C'est lui qui va nous faire redécouvrir et aimer à nouveau un pantalon qu'on n'a jamais vraiment porté. C'est aussi lui qui va apporter de la saveur à un pull tout bête.

L'accessoire est essentiel. Surtout les « jours sans », les jours de flemme vestimentaire, les jours « rien à me mettre ».

L'accessoire est aussi une signature : des lunettes à forte personnalité ; des chaussures de garçon, même avec des robes ; des créoles, été comme hiver ; une ribambelle de bijoux autour du poignet ; des talons par tous les temps ; un foulard coloré sur les vestes…

Non, les chaussures ne sont pas faites que pour marcher !

L'addiction aux souliers est une maladie qui se soigne difficilement. Mais quand on l'attrape, on n'a pas du tout envie d'en guérir.

Faut-il porter des talons pour plaire aux hommes ?

C'est l'allure et la personnalité qui rendent désirable, élégante ou pétillante, pas la hauteur des talons. Même s'ils y contribuent. Pour ne pas vaciller, les talons nous obligent à nous ancrer dans notre corps. On se redresse, on met les épaules en arrière, on avance fièrement.
Paradoxalement, alors qu'on est supposée être plus à l'aise en baskets qu'en escarpins, lorsqu'on se perche, on se sent plus entreprenante et combative. Et plus sexy. Ce n'est pas pour rien qu'on associe à un premier rendez-vous amoureux le port de talons hauts.
Mais comment faire si on est fâchée avec les talons ? Tout est question d'entraînement et d'essayages (fin, carré, compensé), de cambrure et de hauteur idéales : 10 cm sont parfois plus confortables que 7. Dans le premier cas, le « dénivelé » a été bien maîtrisé par le chausseur. Important aussi : un pied bien maintenu.

Ce qu'il faut savoir pour marcher élégamment avec des talons

Vous allez changer de démarche : impossible de traîner les pieds ou de faire des pas de géant. Détendez-vous. Votre bassin doit être souple, vos orteils décrispés, vos épaules ouvertes. Pas question d'avancer comme si vous aviez deux jambes de bois. Maintenez l'écart « normal » entre vos jambes : vous n'avancez pas sur un fil, ni un pied de chaque côté d'un rail.
Entraînez-vous chez vous, montez et descendez des marches… la rampe à portée de main !
Quand vous vous sentez à l'aise, inaugurez vos talons lors d'une sortie où vous n'aurez pas à cavaler.

Des bons escarpins, c'est quoi ?

Un cuir souple et une semelle intérieure en cuir, pour laisser le pied respirer.
Un bout pointu, mais pas trop : il ne doit pas pouvoir rebiquer.
Un bout arrondi, mais pas trop : ce ne sont pas des souliers de petite fille.

Un décolleté qui ne mange pas le pied.
Un talon moyen : entre 6 et 8 cm, si on n'a pas l'habitude.
Une cambrure adaptée à celle de son pied : testez plusieurs marques et modèles jusqu'à trouver « la » paire dans laquelle vous vous sentez bien.
Une bonne pointure : si l'escarpin est trop grand, le pied sort ; trop petit, il se contracte. Restez froide devant les souliers de vos rêves qui ne sont pas à votre taille.

Quelles couleurs ?

En journée : Le noir, le gris foncé et le bordeaux vont *a priori* avec tout, surtout en hiver. Pour l'été, le beige, le champagne, le rosé ou le cuir naturel sont plus adaptés.
En soirée : Doré, pailleté, verni… toutes les fantaisies sont permises, c'est le moment de vous lâcher.

À plat, un peu, beaucoup, trop… avec la ballerine

Les bons points de la ballerine

- ✔ Dotée d'un petit talon, elle permet aux gambettes de se reposer.
- ✔ Effilée et décolletée, elle rend grâce aux jambes fines.
- ✔ Elle ne craint pas de sortir les couleurs.
- ✔ Elle porte bien l'imprimé panthère.
- ✔ On la porte de 7 à 77 ans.

Les mauvais points de la ballerine

- ✘ Elle a tendance à tasser, surtout les jambes un peu lourdes.
- ✘ Lorsqu'on l'enfile par facilité, « à défaut de quelque chose de mieux », elle n'a aucun style.
- ✘ Elle peut être très vilaine, surtout en cuir épais et affublée d'une semelle lourde, ou pire en plastique avec des surpiqûres grossières.
- ✘ Avec sa semelle cuir, elle prend vite l'eau ; avec sa semelle plastique, elle est rarement jolie.
- ✘ Elle est fragile.

Tout le monde en baskets ?

Oui aux sneakers, slip-on, baskets *and Co*, à condition de ne pas faire la grève du style. La tendance actuelle étant de porter à tout-va ces chaussures issues du milieu sportif, on peut les associer avec presque tout sans craindre le ridicule. Mieux, elles dédramatisent une tenue sévère, amusent un look classique et détournent une robe trop sexy. À vous de trouver le modèle qui vous plaît entre la petite basket de toile de toutes les couleurs, celle que vous trouvez au rayon running d'un magasin de sports, la basket montante en cuir, et celle que proposent les créateurs ou vos fournisseurs de chaussures favorites.

Baskets : les bons mix à connaître

- ✔ Robe bohème + baskets blanches en toile.
- ✔ Chemise blanche + pantalon marine + sneakers bariolés.
- ✔ Blouse imprimée + blazer + jean + baskets dorées.
- ✔ T-shirt gris + tailleur pantalon + slip-on imprimé reptile.
- ✔ Pull-chaussette + jupe crayon stretch + baskets en toile.
- ✔ Pull manches courtes + jupe patineuse au genou + baskets fluo.
- ✔ Grosse maille + minijupe + baskets montantes.

Inventez la suite face à votre garde-robe !

Qui veut des bottes de sept lieues ?

Bien bottée ou mal bottée, il faut choisir son camp !

Oui

- Aux bottes en cuir, en peau, en caoutchouc pour la pluie, ou à l'intérieur en mouton retourné.
- Aux bottes en stretch qui respectent la morphologie.
- Aux bottes droites qui laissent la jambe respirer.
- Aux cavalières qui suivent pile le galbe du mollet.
- À une tige qui arrive au tiers du mollet.
- Aux santiags revisitées avec un bout pas trop pointu.
- Aux bottes fourrées d'esquimau pour les grands froids.

Non

- Aux bottes en simili cuir, en croûte de cuir, en stretch effet daim, ou à l'intérieur en fourrure synthétique.
- Aux bottes en stretch qui étouffent le mollet.
- Au zip qui comprime la jambe.
- Aux cavalières trop larges.
- À une tige qui arrive sur le gras du genou.
- Aux bottes blanches à franges.
- Aux bottes fourrées de pépettes pour frimer.

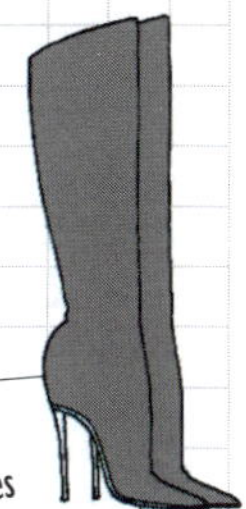

Une question de hauteur…
Élégants, les talons se marient bien aux robes classiques ou de soirée.
Plus casual, le plat fonctionne parfaitement avec une jupe au-dessus du genou ou une robe en laine.

J'ai des chaussures de garçon…

Lesquelles choisir ? Le point clé : elles doivent avoir l'air de sortir du placard de votre homme. C'est la condition pour qu'elles vous donnent du style.

5 façons de féminiser les chaussures d'homme

1. **Version garçon manqué** : un pantalon masculin ou un tailleur-pantalon + une blouse légère + des bracelets + un décolleté + du vernis ou un rouge à lèvres qui claque.
2. **Version femme fatale** : une jupe fourreau + une veste près du corps + des collants plumetis + un minisac.
3. **Version Lolita** : une jupe patineuse + un blouson en jean + des socquettes colorées + une besace.
4. **Version working girl** : une robe droite + une veste courte + des collants foncés.
5. **Version trendy** : un pull sans manches + un pantalon fleuri 7/8 + un sautoir et une grosse bague + une pochette.

Les chaussettes de l'archiduchesse sont-elles chouettes ?

Même si on ne joue plus aux poupées depuis des lustres, on a le droit de bouder les mi-bas et de leur préférer des chaussettes fantaisie. Condition *sine qua none* : ne pas aller s'approvisionner au rayon fillettes et choisir des socquettes ou chaussettes de bonne facture, c'est-à-dire en coton ou en mélange laine/coton/polyester. Et les choisir avec de chouettes couleurs, des imprimés ou du lurex dedans.

Quelle couleur choisir ?

Tout est possible : du plus sombre aux teintes qui claquent. Le coloris dépend de votre style : classique, extravagant, timoré, ambitieux… Mais aussi de votre tenue.
Pour ne pas vous tromper, assortissez la couleur de vos chaussettes à celle de vos chaussures ou de votre pantalon. Ou à celle de votre robe : oui, on peut voir des socquettes qui sortent d'une bottine ou qui se glissent dans un escarpin.
Les choix sans risque : bordeaux, marine, gris foncé, vert sapin.

Travaux pratiques

Du contraste ou du ton sur ton ? Les deux, mon capitaine !

✔ Bottines noires + chaussettes carbone ou vert sapin.
✔ Baskets rouges + chaussettes sable ou rose pâle.
✔ Mocassins marine + chaussettes gris foncé ou bordeaux.
✔ Derbys gris + chaussettes vert sapin ou gris foncé.
✔ Boots marron + chaussettes moutarde ou framboise.
✔ Richelieux dorés + chaussettes beige ou kaki.

Quels imprimés de préférence ?

Une fois que vous aurez maîtrisé l'art de la chaussette en couleur, vous n'aurez (presque) plus peur d'aller voir du côté des imprimés ou des fantaisies. Mais attention, ce ne sont pas des jeux d'enfants. Interdiction formelle d'assortir vos petons aux éléphants roses de vos enfants. On reste chez les adultes. Pensez aussi à aller voir du côté des brillances.

- Aux dessins d'animaux !
- Aux motifs géométriques hasardeux.
- À la dentelle « fifille » au bord d'une socquette.

- Aux imprimés animaliers : léopard, reptile…
- Aux rayures, aux pois, aux étoiles, au tartan.
- À la socquette dentelle, au lurex.

On ne dit pas un mais des collants

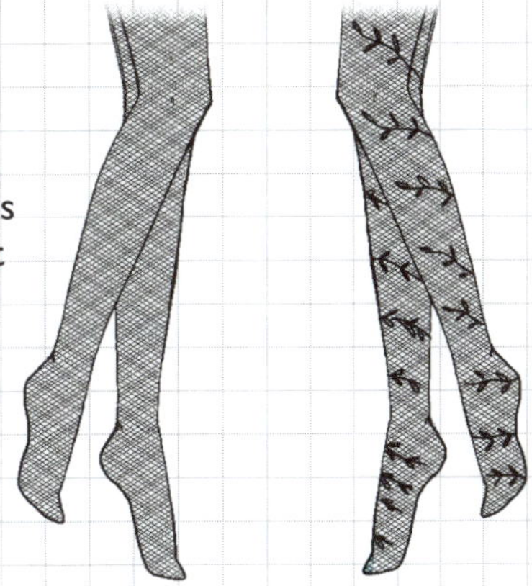

Impossible d'acheter des collants à la va-vite (sauf en cas d'urgence). Des collants de mauvaise qualité vous gâchent une silhouette autant que des collants mal assortis à une tenue. Quelle chance, on peut varier les plaisirs : voile raffiné, mignon plumetis, dentelle fantaisie, élégante résille, coloris chantants, laine chatoyante… Les gambettes ne s'ennuient pas !

Ne vous trompez pas de taille

Regardez bien le tableau des tailles au dos de la boîte, il varie selon les marques. En cas de doute, optez pour la plus grande. Au moins vous éviterez des collants qui tiraillent à l'entrejambe et une démarche bizarre. Pensez aussi aux collants qui trichent : ventre plat, gainant, fuselant…

Zoomez sur les détails

Un collant qui vous fait une belle jambe, c'est une trame qui ne mousse pas, ne vous dessine ni zébrures ni stries sur la cuisse, ne s'affine pas aux endroits dodus, ne vous dessine pas des sillons sous un vêtement moulant ou un bourrelet au niveau de la taille… C'est une maille fine et régulière, avec des coutures quasi invisibles et une ceinture souple et large qui ne vous serre pas. Oui, les collants de belle qualité sont plus chers, mais côté look et solidité c'est sans comparaison. Enfin, au premier fil tiré, soyez sans pitié (à la poubelle !).

Évitez la brillance

L'aspect brillant allonge plus la jambe qu'un mat peu flatteur pour les jambes épaisses, mais point trop n'en faut. Trop de brillance met l'accent sur des mollets et des cuisses dodues. Par ailleurs, mieux vaut le réserver à une tenue sophistiquée, sinon ce n'est pas chic du tout.

Adaptez vos collants à votre tenue

Les collants trop fins avec une tenue hivernale, par exemple un collant voile avec une robe en laine ou, à l'inverse, des collants trop épais avec une robe légère, ça plombe la jambe. En hiver, avec une minijupe ou un short, choisissez un 80 deniers minimum. Quant aux collants voile ultrafin, réservez-le aux robes de soirée sexy plutôt qu'aux jupes classiques qu'il finit de « mémériser ». Surtout s'il est de mauvaise qualité et trop transparent. En cas de doute, optez pour un 40 deniers, il met tout le monde d'accord. Y compris vos jambes.

Injectez une touche de fantaisie

Choisissez la couleur de vos collants assortie à celle de vos chaussures ou de vos vêtements. Ou osez trancher avec du bordeaux, un rubis, du bleu canard… Sans risque : le carbone, plus doux que le noir noir. Pensez aussi à la dentelle pas trop ajourée (non, ça ne grossit pas si le dessin n'est pas grossier). Elle dynamise n'importe quelle tenue basique ou classique, s'amuse aussi avec des sandales à talons ou des bottes de moto. Et pourquoi pas une résille toute fine ? C'est une excellente alternative aux collants chair.

Les bons mix de couleurs
Des collants prune, rouge foncé, bleu canard s'associent à une robe noire, marron, grise ou kaki.

Du bon usage des collants en laine
Non, ils ne sont pas réservés au ski. Les collants en laine (qui sont parfois en coton !) ont la même fonction que les collants opaques mat. En plus décontracté : parfaits sur une minijupe ou un short, ils forment aussi un couple heureux avec une robe dentelle rétro. Là aussi, misez sur la couleur !

Comment choisir un collant chair ?

Non Aux collants mousseux. Ils sont toujours trop blancs ou trop bronzés. Résultat : ils épaississent la jambe et la mémérisent.
Aux collants trop brillants qui scintillent comme une boule à facettes. C'est hors sujet.

Oui Aux collants « seconde peau », c'est-à-dire le plus proche possible de votre carnation, avec une maille très fine, presque mate, enrichie en élasticité. Testez la couleur sur le dos de votre main à la lumière du jour.

Comment porter un collant chair ?

Non Aux collants chair portés avec un short, des baskets, une robe-pull, des godillots, une robe bohème ou avec tout autre entrechoquement malheureux de matière et de style !

Oui Aux collants chair associés à une tenue classique (tailleur) ou de cérémonie.

Par ici, les petits (et les gros) foulards

Le foulard a deux effets immédiats :
1) il donne bonne mine ;
2) il anime la silhouette.
Et accessoirement, il tient aussi chaud.

Si on se trouve aussi pâlotte qu'un froid matin de janvier ou si on s'est levée fâchée avec sa penderie, c'est la solution la plus amicale pour se réconcilier avec son miroir.
On porte un foulard pour égayer une petite robe noire, donner de l'allure à un caban, ensoleiller un manteau sombre, donner du chic à un T-shirt, amuser un pull à col rond…

Que cachez-vous dans votre panier à foulards ?

À part une maille pelucheuse, un motif triste et périmé, des franges fatiguées… tout est beau pour réchauffer votre cou.

- ✔ Carré de soie à petits pois…
- ✔ Pointe en coton madras, liberty, papillons, chatons…
- ✔ Rectangle orange claquant, vert gazon, bleu azur, rose bonbon, rouge coquelicot, jaune soleil…
- ✔ Foulard vintage chiné dans un vide-grenier…
- ✔ Trésor de famille chipé dans l'armoire de votre grand-mère…
- ✔ Chèche volumineux et ultra-doux piqué au rayon hommes…
- ✔ Écharpe tricotée main avec amour…

Comment nouer votre foulard ?

Le plié de base

Posez votre carré bien à plat. Rabattez les deux mêmes côtés l'un en face de l'autre. Recommencez. Vous pouvez maintenant faire un ou plusieurs tours de cou puis nouer la partie restante. Sur le devant ou – moins classique – sur le côté.

Le tour de cou

Choisissez un minicarré (en soie ou en coton style bandana) et réalisez le plié de base. Il suffit de nouer bien serré les deux pointes sur le côté.

Le carré souple

Prenez un carré de taille moyenne, pliez-le en deux de façon à former un triangle que vous placerez pointe sur le devant. Faites le tour de votre cou en laissant les pointes de chaque côté.

Le grand carré

Prenez un carré XXL en soie, viscose ou en coton souple. Pliez-le en deux de façon à former un gros triangle. Placez la pointe devant et faites un tour de chaque côté avec les deux pointes que vous nouerez devant. Ou pas. Vous pouvez aussi raccourcir le triangle pour donner plus de volume au foulard.

La cravate fine

Saisissez votre long carré par une pointe, faites un seul tour de cou en laissant retomber toute la longueur sur le côté, puis un tout petit nœud. Vous pouvez aussi réaliser ce style avec un long rectangle.

Attachez votre ceinture !

C'est fou, figurez-vous qu'une ceinture ne sert pas seulement à dessiner la taille ou à retenir un pantalon trop ample : elle est en fait LE détail qui termine une silhouette.
Prenez un pantalon en toile basique dans lequel vous aurez glissé un T-shirt tout simple. Ajoutez-y une ceinture au coloris vif, et vous aurez bien plus qu'une tenue toute bête.

Les mix qui marchent…

- ✔ Ceinture-bijou sur une robe d'inspiration rétro.
- ✔ Ceinturon de cow-boy sur un slim.
- ✔ Cordelette colorée sur une robe bohème.
- ✔ Ceinture corset sur une jupe patineuse.
- ✔ Ceinture élastique sur une robe chemise.
- ✔ Ceinture léopard sur un pantalon sage…

On ne mélange pas les genres

Pas de ceinture classique sur un vêtement casual style jean, chino, robe en laine… Réservez votre ceinture classique à une tenue classique. Point.
Retirez immédiatement les ceintures imitation cuir vendues avec les pantalons, imperméables et robes. Elles vieillissent mal, se fendillent, cassent, s'effilochent…
Quant aux ceintures en tissu, elles se tordent, tournent sur elles-mêmes jusqu'à ressembler à un vieux chiffon. Et le pire, c'est qu'on finit par s'y habituer et donc par ne plus le voir. Ô l'erreur !
Remplacez-les par une ceinture en cuir naturel avec une boucle pas trop alambiquée ou par une ceinture fantaisie (par exemple, « effet python »). Une cordelette en cuir tressée ou en coton fera l'affaire. Si votre ceinture est de bonne qualité, le cuir se patinera et elle sera de plus en plus belle.

Merci chéri !

Le ceinturon d'homme (celui qu'il porte sur son jean, pas avec son costume) est un indémodable qui se prête à beaucoup de jeux.
Il est trop grand ? Faites une boucle avec la partie pendante. Réservez-le à vos pantalons casual (jean, chino…) ou pour donner du corps à un trench.

Chapitre 6

Jouez avec votre garde-robe !

Comment jongler avec ses basiques et les pièces fortes de sa garde-robe pour composer des looks différents au fil des saisons avec quatre pièces versatiles… À vous de choisir vos looks selon votre morphologie et votre style.

Le chino écru

C'est quoi ? Un pantalon de toile, en coton, droit, sans pinces. À l'origine destiné aux hommes, on leur pique pour une allure décontractée.
Le détail : Roulez toujours le bas de votre chino pour alléger la jambe. Un tour, deux tours, trois tours… selon votre envie et votre audace.

Le garçon manqué
Un chino
Une chemise imprimée (rayures, fleurs, pois…)
Une ceinture marron
Un blazer en velours (marine, vert bouteille, bordeaux)
Des socquettes en coton beige
Des mocassins bordeaux ou marron

La cow-girl
Un chino
Une chemise à carreaux
Un ceinturon masculin en cuir naturel
Un blouson en cuir
Des chaussettes épaisses
Des boots basses

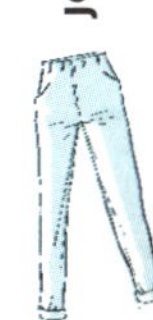

La girly

Un chino
Un débardeur ample
Un gilet court
Une ceinture imprimée python
Des socquettes colorées
Des sandales en bois

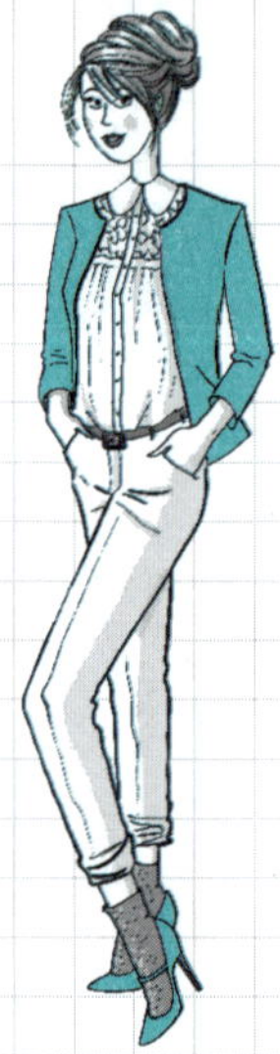

La lady

Un chino
Une blouse dentelle
Une ceinture fine colorée
Une veste courte ajustée
Des socquettes lurex
Des escarpins

La chemise en jean

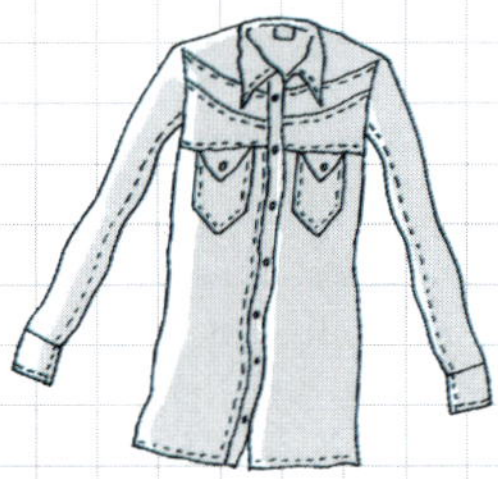

C'est quoi ? Un copier-coller d'une chemise classique avec une seule différence : elle est en denim ou en chambray.
Le détail : La simplicité. Elle est en toile brute, épurée, sans pattes sur les épaules pour plus de féminité, avec des petits boutons de bois ou des pressions en nacre.

La lady

Une chemise en jean fermée
Une jupe crayon au genou
Des escarpins
Une montre bijou
Une pochette

La hippie chic

Une chemise en jean ouverte
Une robe bohème
Des bottines western
Un sac besace

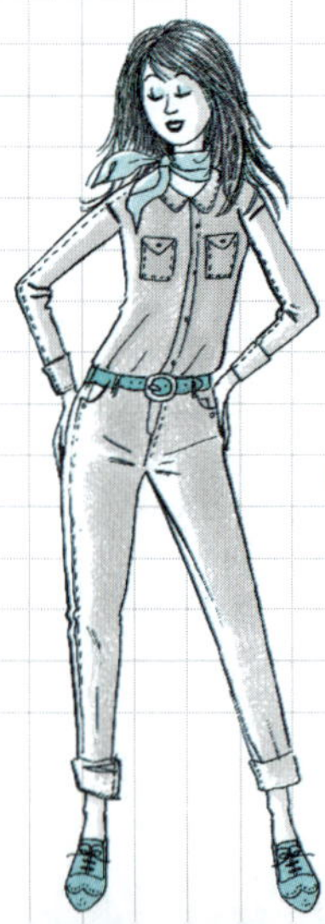

La casual

Une chemise en jean boutonnée
Un jean boy-friend roulotté
Un ceinturon
Des chaussettes colorées
Des derbys
Un carré de soie

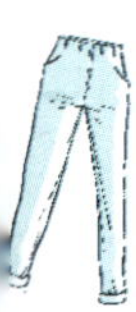

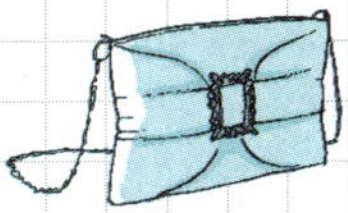

La working girl

Une chemise en jean
Une veste tailleur
Un pantalon vtailleur
Des escarpins
Des lunettes

Le T-shirt imprimé

C'est quoi ? Un T-shirt avec un motif plus *arty* que *girly* ou avec un message qui vous ressemble.
Le détail : La féminité. Une coupe légèrement trapèze, une encolure arrondie, un coton léger.

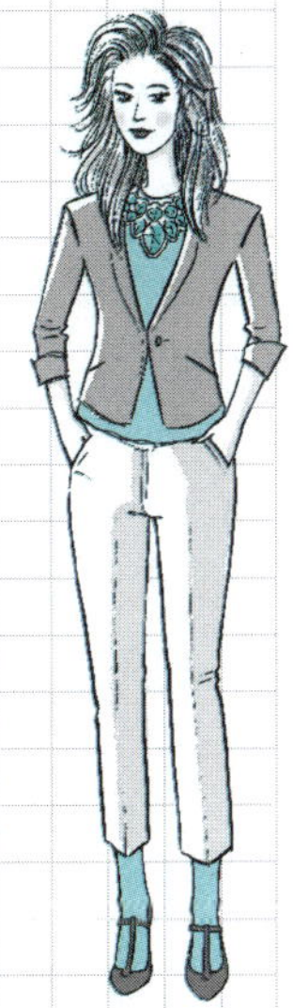

La working girl

Un T-shirt imprimé
Une veste noire
Un pantalon noir 7/8
Un collier plastron
Des chaussures salomés

La friday-wear

Un T-shirt imprimé
Un blouson en laine
Une jupe évasée
Des collants opaques
Des bottes motardes
Un foulard

Le style du soir

Un T-shirt imprimé
Une veste de smoking
Un slim brut
Une pochette glitter
(brillante ou à paillettes)
Des sandales hautes
Des bijoux

Le style vacances

Un T-shirt imprimé
Une jupe en jean
Un chapeau de paille
Des lunettes de soleil
Des sandales en cuir

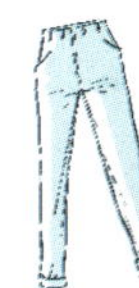

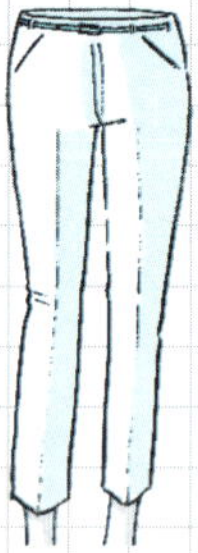

Le pantalon masculin 7/8

C'est quoi ? Un pantalon inspiré du vestiaire des hommes, gris ou marine, avec une ceinture plate, des poches sur les côtés et une ligne ajustée.
Le détail : Une longueur cheville pour féminiser l'allure, avec ou sans revers.

Le garçon manqué

Un pantalon masculin
Une chemise à rayures boutonnée jusqu'au cou
Des chaussettes fantaisie
Des bottines basses
Un rouge à lèvres rouge

La glamour

Un pantalon masculin
Une blouse en soie décolletée
Des talons très hauts
Des bracelets joncs
Du vernis rouge
Une pochette souple

Le style mode

Un pantalon masculin
Un sweat à message
Des baskets blanches
Un bonnet flashy
Une grosse boucle d'oreille
Un minisac

La working girl

Un pantalon masculin
Un blazer
Un T-shirt coloré
Des bottines
Un sac seau

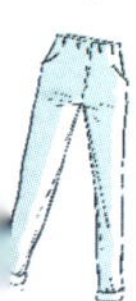

Comment recycler une tenue de cérémonie ?

Quel dommage de ne pas profiter plus souvent de vêtements choisis pour faire la fête ! On peut les laisser dormir dans leur housse en plastique jusqu'à la prochaine sortie ou choisir de les faire vivre au quotidien. Ils sauront vous apporter la bonne dose de glamour.

« La mode n'est ni morale ni amorale, elle est faite pour remonter le moral » (Karl Lagerfeld).

La robe festive

Pour porter de jour une robe glamour, troquez vos chaussures de Cendrillon pour des ballerines ou des compensés.

Oubliez la pochette stressée pour un sac en daim.

Délaissez la veste chic pour un blouson en jean près du corps ou un cardigan court.

La veste chic

On ne l'associe plus à la robe bustier pailletée assortie mais à un jean (ou un chino) et un T-shirt.

Aux pieds, abandonnez un temps les chaussures de fête pour des escarpins ou des chaussures basses.

Le pantalon de smoking

N'en ayez pas peur. Il peut vivre sans la veste jumelle. Détournez ce pantalon chic avec une chemise à motifs ou un T-shirt basique. Puis enfilez des sneakers et empoignez un sac cabas.

Les souliers pailletés

Ils ne sont pas réservés aux soirs de fête. Au contraire ! Ballerines à paillettes ou escarpins glitter (pailletés) adorent illuminer jeans ou robes. Même en journée, à condition de rester sobre.

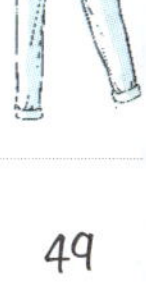

Chapitre 7

Adaptez votre tenue aux différentes occasions

On s'habille en fonction de la météo et de son humeur du jour mais aussi des circonstances. C'est une évidence. Parfois, on a peur d'en faire trop ou pas assez. Comment trouver le juste milieu ?

S'habiller pour un rendez-vous amoureux

Renseignez-vous sur le lieu de la rencontre

Si vous débarquez dans son petit QG de quartier en minirobe lamée et talons vertigineux, vous vous sentirez aussi à l'aise qu'une biche perdue au milieu d'un terrain de foot. Idem si vous vous la jouez nature, *no make-up*, jeans et baskets pour un rendez-vous dans un bar chic.

Vous marchez vers l'inconnu ? Optez pour du beau basique. Exemple : un jean brut + un top en soie + une veste cintrée + des talons confortables. C'est sobre et passe-partout. Et suffisamment élégant.

Jouez la carte du sexy, mais pas trop

Si la robe de bure et les jambes non épilées risquent de refroidir un amoureux, ce n'est pas une raison pour exposer décolleté au nombril et robe qui ne cache rien. Tous les hommes n'apprécient pas qu'on leur offre une féminité sans subtilité. À vous de voir si vous avez envie de passer la soirée à moitié nue avec un homme qui essaye de vérifier à quel point votre soutien-gorge est « push-up ». Préférez la suggestion.

« Une robe doit épouser le corps de la femme, ce n'est pas à lui de prendre la forme de la robe » (Hubert de Givenchy).

Soyez irrésistible

Apportez une touche glamour à votre allure : ça fait partie de l'exercice de ce genre de « date ». Les détails sexy qui marchent sont toujours les mêmes : T-shirt large dont l'épaule glisse, chemise masculine largement déboutonnée, robe aérienne qui ne demande qu'à s'envoler…

Ne trichez pas

Ce n'est pas le meilleur moment pour tester vos nouvelles sandales aux talons de 15 cm. Pas le moment non plus pour tenter un look extravagant. Tous les hommes ne sont pas sensibles à la mode et ne comprennent pas les tendances du moment. Optez pour vos valeurs sûres : votre robe noire fétiche, votre pull bleu ciel porte-bonheur…

Misez sur le haut

Dommage d'avoir passé tant de temps à choisir une jupe et des talons si vous passez la soirée à moitié cachée par une table de resto. Vos T-shirts sont trop sages ? Vos chemisiers trop « boulot » ? Vos pulls trop banals ? Pensez sweat dentelle, décolleté cache-cœur, encolure bateau, chemise un peu trop ouverte, longue boucle d'oreille, sautoir qui tombe à la naissance des seins…

Faites un « sans-faute »

Vous ne savez plus à quoi ressemble votre tenue fétiche ? Optez pour une silhouette classique sans (mauvaise) surprise…

Un jean brut ou un cargo roulotté + une chemise blanche ou une blouse en mousseline ou soie ou un débardeur tout fin + une veste cintrée + des sandales chic hautes ou plates.

OU

Une robe droite + une veste boléro ou une robe-chemisier + des sandales hautes.

Les talons sont-ils indispensables ?

C'est sexy les talons. Mais si on ne sait pas marcher avec c'est pathétique. L'essentiel est de se sentir bien dans ses chaussures, même s'il s'agit de baskets ! Attention, toutefois, à laisser de côté les chaussures fatiguées ou trop « mémé ».

Un entretien d'embauche

Informez-vous sur les codes vestimentaires de l'entreprise

On ne s'habille pas de la même façon pour un poste de direction, un emploi d'hôtesse d'accueil, d'attachée commerciale ou de responsable de la communication. Et pour le même poste, les codes peuvent varier selon le secteur (agroalimentaire, industrie pharmaceutique, tourisme, e-commerce…). En cas de doute, choisissez la version la plus sobre. Ce qui ne veut pas dire la plus « transparente ».

Soyez vous-même dans certaines limites

N'empruntez pas le tailleur jupe de votre cousine si vous n'êtes pas à l'aise dans les tenues formelles : vous aurez l'air endimanchée, voire rigide. Inutile non plus de vous forcer à porter une robe si celles de vos penderies sont hors sujet (trop décontractées, trop « été », trop habillées).

Révélez votre personnalité dans un style de vêtement qui vous correspond et qui montre que vous avez fait un effort vestimentaire pour être soignée et présentable, sans pour autant être une gravure de mode.

Le style

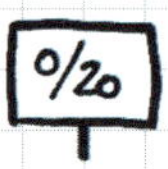

- ✗ La jupe courte
- ✗ La jupe fendue
- ✗ La jupe aux chevilles
- ✗ La robe-pull
- ✗ La robe bohème
- ✗ La robe tube
- ✗ Le décolleté V plongeant
- ✗ Le chemisier étriqué dont les boutons tirent sur la poitrine
- ✗ Le T-shirt taché
- ✗ Le sous-pull de petite fille
- ✗ Le pantalon taille basse
- ✗ Le slim boudinant

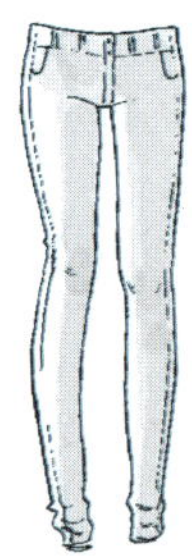

- ✗ Le jean délavé
- ✗ Le pull mou
- ✗ La blouse ethnique
- ✗ Les bracelets qui tintinnabulent
- ✗ La veste boulochée
- ✗ Le pull élimé
- ✗ L'imprimé qui fait mal aux yeux
- ✗ Le total-look noir
- ✗ Les chaussures non cirées
- ✗ Les talons avachis
- ✗ Le minisac de poupée
- ✗ Le cabas qui déborde

Le style 20/20

✔ **Une veste ajustée**

Elle va vous donner de l'autorité et de l'assise. Choisissez-la noire, marine, gris clair ou foncé, ou dans des teintes douces. Si vous travaillez dans un secteur traditionnel, évitez les teintes flashy et les imprimés. Mieux veut toujours la jouer *low profile*. Dessous, glissez un chemisier, une chemise ou même un T-shirt blanc bien net selon le type d'emploi que vous visez. Ou encore une robe.

✔ **Une robe toute simple**

Ni moulante, ni sac, ni trop longue, ni trop courte, ni trop dépoitraillée, ni trop fermée, elle doit vous donner de la crédibilité et la juste dose de féminité.

✔ **Une jupe stricte**

Qu'elle soit droite, évasée, légèrement trapèze, elle doit se faire oublier, c'est-à-dire que vous n'avez pas besoin de tirer dessus pour qu'elle reste en place. Préférez une taille marquée à une jupe trop légère à « taille élastiquée ».

✔ **Un pantalon qui tombe bien**

Il ne tiraille pas, ni ne vous boudine, ni ne flotte sur vos cuisses. Il est à votre taille, coupé dans un tissu souple mais pas trop léger. Évitez de le choisir dans une couleur trop soutenue et un imprimé criard, cela va de soi.

✔ **Des bijoux simples**

Laissez de côté l'artillerie lourde. Si vous devez briller, ce n'est pas par vos colliers en strass. Oubliez les babioles fantaisie et contentez-vous du minimum. Le recruteur doit se concentrer sur vos paroles, pas sur vos accessoires.

✔ **Des chaussures confortables**

Oui, mais pas des chaussons ! Attention aux ballerines toutes molles que vous avez déjà transportées aux quatre coins de la ville. Les DRH regardent aussi la façon dont on est chaussée, donc pensez à cirer vos escarpins ou vos bottines.

✔ **Un sac pro**

Inutile de vous présenter avec un porte-documents pour vous donner de la crédibilité. Contentez-vous d'un sac sans chichis ni fanfreluches, ni minus ni géant. Il suffit qu'il puisse contenir les documents nécessaires à votre entretien.

Un long voyage en avion ou en train

Confort, confort et confort...

Même si vous rêvez de sortir de l'avion ou de débarquer sur le quai de la gare telle une star de cinéma des années soixante, n'oubliez pas les heures interminables passées coincée entre deux sièges. Les pieds gonflent, les jambes fourmillent, la ceinture serre, on a chaud, on a froid... Cochez la liste !

Une tenue souple et molle

Au bout de quelques petites heures, les pantalons et les jeans – comme les chaussures – finissent tous par devenir trop petits : même si on ne touche pas au plateau-repas, on gonfle forcément.
Au lieu d'un jean étroit qui va immanquablement vous boudiner, misez sur un chino, un pantalon souple avec un élastique à la taille ou un molleton. Ajoutez un T-shirt ample ou une chemise confortable. Glissez toujours un cardigan, un sweat ou un pull qui s'ôte facilement dans un sac fourre-tout.
Variante : La robe-T-shirt ou robe-pull à porter avec un legging que vous pouvez enlever ou remettre selon la saison et votre destination.

Un chèche

Aéroport climatisé, train qui souffle du froid et du chaud, envie de faire un petit dodo... La solution : le foulard suffisamment grand et doux pour passer d'écharpe à couverture d'appoint. S'il est en coton, il pourra même se recycler en paréo pour la plage.

Des chaussures fermées... ou des chaussettes

Pour éviter le petit courant d'air traître, laissez de côté les sandales et les tongs. Ou glissez une paire de chaussettes dans votre sac que vous pourrez enfiler dès que vous aurez froid.
Optez pour des chaussures dans lesquelles vous êtes à l'aise (mocassins, boots, baskets...) et qui s'enlèvent facilement. Y compris lors du passage du portique de sécurité !

Le truc des élégantes
Elles ne voyagent pas sans un chapeau, ni des lunettes de soleil. Pas pour jouer les divas mais pour camoufler une tignasse ébouriffée et des cernes à l'arrivée !

Une soirée after work

Vous devez filer à une fête ou un cocktail après le boulot ? Si vous n'avez pas de baguette magique, pensez à votre tenue en vous préparant le matin. Non, vous n'avez pas besoin de passer la journée sur votre trente et un. Il suffit de quelques détails pour faire passer votre look de bureau à l'apéro.
Si vous enchaînez les rendez-vous pro ou les réunions de travail strictes, optez pour une robe caméléon type « petite robe noire » qui saura bien se tenir en journée et se transformer en soirée grâce à des bijoux, un joli foulard coloré, une autre paire de chaussures et une pochette.

Le jour

Petite robe noire
+ veste tailleur
+ escarpins
+ porte-documents
+ lunettes

Le soir

Petite robe noire
+ bijoux
+ carré de soie
+ pochette du soir
+ sandales hautes
+ beau manteau

Vous n'aimez pas les robes ?

Si vous travaillez dans un milieu strict, selon votre morphologie, choisissez un pantalon droit ou ajusté, noir ou marine. En haut, pour la journée, portez une chemise classique avec un blazer. Le soir, troquez votre chemise pour une blouse en mousseline de soie (ou une matière infroissable) décolletée ou légèrement transparente, que vous aurez pris soin d'emporter.
À vos pieds, si vous ne voulez pas changer de chaussures, portez des bottines ou des escarpins pas trop hauts, de façon à tenir jusqu'à la fin de la soirée.

Sortez les accessoires !

Ce sont eux qui vont faire basculer votre look. Sautoir précieux, manchette or ou argent ou grosses boucles d'oreilles, à vous de choisir ! Ajoutez éventuellement un carré de soie.
Extirpez de votre sac de *working girl* (à laisser au vestiaire !) une pochette bijou : en strass, cuir irisé, avec petits pompons… elle signale que l'heure est à la fête !

Une soirée entre amis

On peut s'habiller tous les jours de la même façon. On peut faire l'impasse sur le style, y compris les soirs de sortie. Mais n'est-ce pas plaisant de se « préparer » pour retrouver sa bande de fidèles ? De réfléchir à la façon dont on va se pomponner pour un rendez-vous dans un bar chic, un dîner chez des vieux potes, un barbecue à la tombée de la nuit, une soirée tarot ? La seule interdiction serait de sortir avec n'importe quel vieux T-shirt sous prétexte qu'on n'a personne à séduire. Erreur ! C'est important de se plaire et de plaire aux autres. Faire attention à soi, se faire belle, ce n'est pas une histoire de séduction mais une forme de politesse. Et de plaisir personnel. Le même que celui qui consiste à préparer une jolie table.

« Si une femme est mal habillée, on remarque sa robe, mais si elle est impeccablement vêtue, c'est elle que l'on remarque » (Coco Chanel).

Vous ne connaissez personne

Adaptez votre tenue à l'esprit de la *party* et visez la simplicité si vous n'aimez pas vous faire remarquer : votre petite robe facile à vivre ou un jean et un joli top + un bijou.
Sans oublier le détail pour exprimer de la fantaisie ou dévoiler votre personnalité : chaussures pailletées, foulard dans les cheveux, headband… Au moins, vous serez en accord avec vous-même.

Vous rejoignez votre bande

Laissez aller votre naturel. Pourquoi ne pas régresser en salopette, en robe bohème, en pantalon bariolé ou en minijupe ? Ou pourquoi vous priver de vous « habiller » si vous aimez ça ? Et peu importe si vos amis sont loin de la mode. Si les vêtements font partie des petits bonheurs de la vie, réjouissez-vous. C'est aussi le moment de tester un vêtement ou des chaussures que vous n'osez pas porter : profitez de la bienveillance d'un public acquis pour faire des effets de style.

Chéri, devine qui vient dîner !

Cette fois, c'est vous qui recevez.

Non À la robe claire qui attrape toutes les taches, surtout celles de la sauce tomate.
Au chemisier précieux qui va attirer l'huile d'olive au moment de servir.
Aux escarpins haut perchés qui vont vous crisper dès que vous vous lèverez pour répondre à l'interphone ou vérifier si votre plat ne brûle pas.

L'idée Trouvez une tenue facile à vivre – pas endimanchée, donc – et ajoutez des bijoux qui claquent pour marquer le coup (et le cou).

Les vêtements des jours « sans »

Comment s'extirper de son pyjama les matins de flemme vestimentaire ou tous ces jours – congés, RTT, week-end – où on n'a pas vraiment besoin de s'habiller ?

Choisissez votre armure doudou

Pas envie de frimer sur des talons hésitants ou dans une tenue travaillée ? Trouvez votre seconde peau. Attention, ne disparaissez pas dans un pull avachi et un jean troué, c'est mauvais pour le moral. Confortable ne veut pas dire « grand n'importe quoi ».

Proposition 1

Le sweat doux qui vous berce
Une chemise imprimée portée en dessous
Un slim stretch coloré
Des grosses chaussettes
Des motardes

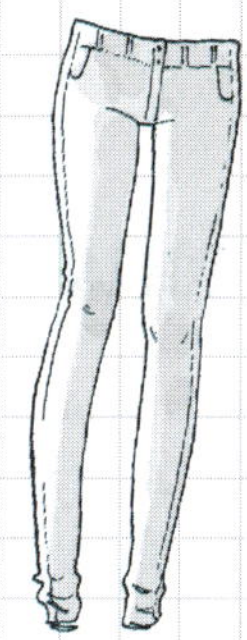
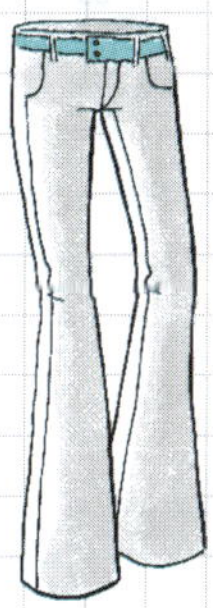

Proposition 2

Le jean fétiche compagnon de toutes vos vies
Une tunique ample qui n'exige ni ventre plat, ni hanches de sylphide
Un blouson en cuir(asse)
Des baskets

Proposition 3

Un pantalon molleton
Un T-shirt à message
Un cardicool (entre cardigan et veste courte)
Des bottillons

Proposition 4

Une combi roulottée
Un T-shirt coloré dessous
Des sandales plates

Idée style !
Quand vous vous sentez bien dans une tenue, faites un selfie à garder en mémoire dans votre portable. Très utile pour les jours sans inspiration ou sans motivation : vous serez contente de piocher dans vos looks de survie.

Chapitre 8

Le guide pratique du shopping

Ou comment acheter moins et mieux !

Quand on vous dit « shopping », vous pensez « accro au shopping », « *fashion victim* », « banquier qui fait dring ! dring ! » ? Il est peut-être temps de changer votre cabas d'épaule. Shopping ne rime pas forcément avec « catastrophe dans mon dressing ». Au contraire. Un shopping intelligent doit vous mettre en valeur et vous permettre de revisiter votre penderie en portant différemment vos vêtements et en donnant une nouvelle chance à des pièces négligées. Personne ne vous oblige à vous lancer dans une course effrénée vers la couleur à la mode, le pull que tout le monde s'arrache ou le sac qu'il faudrait avoir pour être une fille qui a tout compris.

Alors faut-il se méfier des tendances ? Pas forcément. La mode doit rester un plaisir et un jeu : vous avez le droit de craquer pour le tic fashion de la saison s'il vous amuse et vous correspond. En revanche, suivre aveuglément les prescriptions du moment pour se rassurer et rentrer dans le rang n'est jamais une bonne idée. Ce serait prendre le risque de ressembler à sa voisine, avec un look qui ne vous correspond pas forcément.

Aujourd'hui, la profusion de l'offre est telle que chacune a les moyens de trouver ce qui convient le mieux à sa silhouette et à sa personnalité.

Et s'il y a des loupés ? Les tâtonnements – et les fautes de goût – sont bien naturels. D'ailleurs, ce sont eux qui nous permettent de trouver et d'affiner notre style.

Test : Que disent vos vêtements de vous ?

Jusqu'à quel point vos vêtements vous ressemblent-ils ? Faites ce test pour le savoir !

Le mot qui décrit le mieux votre style…

- ■ Naturel.
- ◆ Sans style particulier.
- ● Personnel.

Vous êtes en retard, qu'attrapez-vous dans votre penderie ?

- ◆ Les vêtements que vous avez préparés la veille.
- ■ Une petite robe noire passe-partout.
- ● Ce qui reflète votre humeur du jour.

Vous avez besoin d'un petit pull, quelle couleur choisissez-vous ?

- ● Celle de la saison, ça change !
- ■ Celle de vos yeux.
- ◆ Du sombre.

Que demandez-vous à vos vêtements ?

- ■ Du confort.
- ◆ De vous vêtir.
- ● De vous mettre en valeur.

Que pensez-vous du port de l'uniforme…

- ● Quelle horreur !
- ◆ Un soulagement.
- ■ S'il n'y a pas de chapeau, c'est déjà ça.

Au boulot, il faut être habillée…

- ■ Avec l'art de ne pas déplaire.
- ◆ Avec discrétion.
- ● Avec style.

Faites les comptes !

◆	■	●

Vous avez une majorité de ◆ : *Vous habiller est une formalité pour vous !*

Vous allez au plus simple ou au plus pratique parce que ce n'est pas votre priorité du moment. Sauf que vos vêtements ne disent peut-être pas tout de vous : êtes-vous sûre d'être aussi réservée que vos petits pulls basiques ? Vous n'avez pas besoin de vous déguiser pour dire qui vous êtes. Au contraire.

Vous avez une majorité de ■ : *Vous n'êtes pas toujours à l'aise avec les tendances.*

Et alors ? Efficacité et valeurs sûres sont vos mots-clés en matière de style et vous savez valoriser votre personnalité avec une touche d'originalité, par exemple au travers d'un foulard coloré. Peut-être aimeriez-vous davantage vous exprimer ?

Vous avez une majorité de ● : *Vous êtes une modeuse de nature !*

Colorée ou monochrome mais toujours enjouée et vivante, votre apparence exprime votre plaisir de vous habiller et votre vraie nature. Parfois, pour votre entourage, vous en faites trop. Peu importe, votre dressing vous ressemble, et vous savez que le style évolue toute la vie.

Le bon dressing pour faire du shopping

Il ne s'agit pas tant de faire la belle dans les boutiques que d'être à l'aise avec des vêtements faciles à enlever et à remettre. Les deux ne sont pas incompatibles !

Mauvais points

- ✗ Un chemisier : vous en aurez vite assez de déboutonner, reboutonner…
- ✗ Un haut en soie : vous serez en nage et détesterez ces auréoles sous les bras.
- ✗ Un slim trop serré : celui que vous avez tant de mal à fermer.
- ✗ Un caraco + une chemise + un gilet + une veste : trop de sous-couches !
- ✗ Une robe ou un top zippé dans le dos : cinq minutes de contorsion de trop.
- ✗ Un haut aux manches 3/4 : ah, ces manches qui reboulent…
- ✗ Un sautoir : risque d'accro et d'oubli.
- ✗ Des talons : gare aux pieds gonflés.
- ✗ Des chaussures à lacets : agacement assuré.
- ✗ Des chaussures à brides : énervement certain.
- ✗ Des bottes : difficilement compatibles (jamais d'essayage en chaussettes ou pieds nus !).
- ✗ Un cabas qui contient votre vie : ouille ! les cervicales.

Bons points

- ✓ Un pull fin ou un T-shirt neutre : il s'enlève en une seconde et vous permettra de vérifier la bonne taille d'un manteau ou d'une veste.
- ✓ Des matières respirantes : coton, lin, laine fine…
- ✓ Un pantalon versatile : jean ou chino, ils vont suivre vos essayages et s'adapter facilement aux hauts que vous allez repérer.
- ✓ Une robe infroissable et pas sophistiquée : robe-pull, robe T-shirt, robe trois trous…
- ✓ En hiver, des collants noirs semi-opaques : sur soi ou dans votre sac afin de voir le rendu des robes.
- ✓ Des chaussures confortables qui « matchent » avec pantalon et robes et s'enlèvent les yeux fermés : low-boots, motardes basses, sandales, ballerines avec petit talon…
- ✓ Pour un shopping chaussures : une paire de mi-bas opaques dans votre sac.
- ✓ Un petit sac en bandoulière avec le strict nécessaire : portable, CB, cartes de fidélité.

Et les sous-vêtements ?

Méfiez-vous de ce qui marque : bretelles trop serrées, dentelle, coque, culotte qui « bourrelette ». Déprime assurée. Choisissez de la lingerie basique (culotte invisible, microfibre).

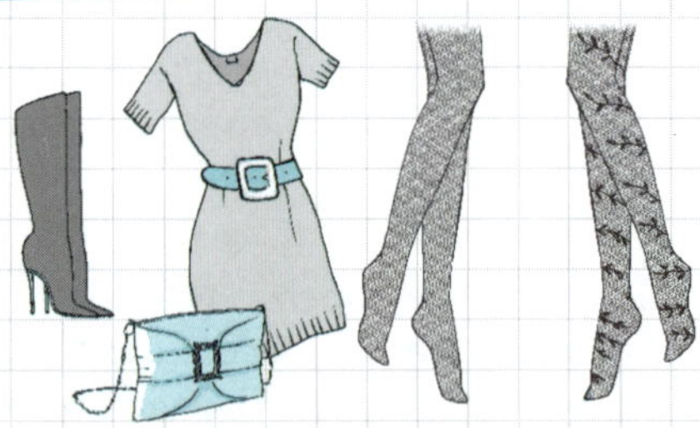

C'est quand le bon moment pour acheter ?

Shopping prémédité ou coup de cœur, on n'est pas à l'abri des bêtises !

Méfiez-vous quand…

Ce matin, vous vous sentez mal fagotée/boudinée/mollassonne/triste/pas sexy…

Risque : Filer à la pause déjeuner vous acheter une babiole qui ne vous plaît qu'à moitié ou une grosse pièce (= culpabilité).

→ **Solution** : Aller vous acheter un rouge à lèvres.

Rien ne va avec rien ? Vos proches vous embêtent avec leurs charmantes réflexions sur votre look sans saveur/d'étudiante attardée/de mémé ?

Risque : Copier-coller le style de votre collègue, cousine ou belle-sœur qui s'habille si bien. Même avec une morphologie proche, vous n'avez sûrement pas le même style. Pas une bonne idée non plus : écouter les bons conseils de copines qui plaquent leurs goûts sur vous.

→ **Solution** : Écouter votre voix intérieure. Si quelque chose cloche, vous le (re)sentirez. Choisissez d'autres couleurs pour vos tenues, peut-être des imprimés. Faites-vous confiance.

Vous avez pris ou perdu du poids ? Vous n'arrivez plus à faire du shopping depuis la naissance de vos enfants ?

Risque : Continuer à vous acheter des vêtements qui ne vous plaisent plus et ne vous ressemblent plus.

→ **Solution** : Porter votre attention sur vos zones de confort psychologique (haut, bas). Oser faire des essayages. Si vous êtes perdue, faites-vous aider par une styliste à l'écoute.

Vous n'aimez pas les boutiques ? Vous culpabilisez d'acheter pour vous ? Vous alternez période de disette et grosses dépenses ?

Risque : Vous retrouver avec des pièces qui vous plaisent à moitié, donc que vous ne porterez pas.

→ **Solution** : Essayer de prendre du temps pour vous, acheter moins mais mieux pour avoir du plaisir à tout porter.

Faut-il céder aux tendances en tout début de saison pour acquérir les vêtements que tout le monde désire ?

Oui, si vous êtes une fashionista à l'affût de la nouveauté.

Non, si vous vous lassez facilement de ces vêtements vus dans toutes les vitrines et sur votre voisine d'open space. Conclusion : si vous achetez peu, réfléchissez avant de céder à l'appel du manteau rose ou jaune poussin. Les grosses pièces doivent être faites pour durer.

Comment reconnaître une bonne vendeuse ?

Faut-il acheter hors saison pour payer moins cher ?
Oui, si vous aimez les pièces intemporelles et les beaux basiques qui font partie de votre style.
Non, si vous misez sur une pièce très tendance. C'est le risque avec le fameux « manteau rose du moment » qui sera daté l'hiver prochain et dont vous n'aurez plus envie.

Les moins

Elle ne vous dit pas « Ça vous va bien ! » alors que vous n'êtes pas sortie de la cabine, ni que ce top plissé se porte comme ça, que ces chaussures trop petites vont se faire ou qu'elle adore ce pull, d'ailleurs elle l'a acheté.

Les plus

Elle vous sourit. Et, si sa direction ne l'y oblige pas, elle ne vous saute pas dessus. Elle se tient à distance mais est là si vous avez besoin d'un renseignement.
Si elle n'est pas obligée de revêtir un uniforme, elle s'habille avec une personnalité qui vous inspire : avoir du goût c'est un atout pour bien conseiller.
Elle n'est pas en pilotage automatique de compliments. Elle n'hésite pas à vous dire ce qui cloche et à vous l'expliquer.
Elle vous pousse un peu. Si elle tombe à côté, elle le dit. Si vous n'êtes pas convaincue, elle n'insiste pas.
Elle se souvient de vos achats. Normal, c'est une perle que vous allez voir souvent.

C'est quoi, une cliente sympathique ?

Elle dit bonjour.
Elle n'oublie pas qu'elle a une personne en face d'elle.
Elle ne laisse pas les vêtements en boule dans la cabine.
Ses enfants n'ont pas les mains pleines de chocolat.
Elle ne squatte pas la boutique à l'heure de la fermeture.
Elle ne vient pas rendre des vêtements tachés.

Comment acheter sur Internet ?

Évitez les achats impulsifs

Même pour une bonne affaire. Avez-vous besoin d'un troisième pull noir ? Porterez-vous vraiment ce pull bariolé ?

Décortiquez le descriptif

Il vous indique la matière. Si vous n'aimez pas ce qui se froisse, fuyez la viscose. Préférez les matières naturelles (coton, laine, soie) ou le beau polyester. Le manteau que vous convoitez est-il doublé ? Comment se lave cette robe fleurie ? Machine à 30 °C ou pressing obligatoire ? Quelle taille porte le mannequin ?

Utilisez le zoom

Il permet de regarder l'aspect du tissu et les finitions. Coutures grossières ? Zip invisible ? Boutons en plastique, en bois ou d'aspect nacré ?

Allez fureter sur d'autres sites

Parfois, les vêtements sont peu mis en valeur. N'hésitez pas à les chercher sur d'autres e-shops pour les voir sous d'autres angles. C'est aussi un moyen de comparer les prix.

Lisez les conditions d'envoi et de retour

Certains sites offrent les frais d'envoi et de retour (avec étiquette prépayée). Ils proposent souvent la livraison en quelques heures ou en 24 heures.

Perdre ou non la tête pendant les soldes

L'heure des tentations a sonné. Sachez raison garder !

Zut ! ces chaussures n'existent plus dans votre taille. Faut-il les oublier ?

Ça dépend. Des chaussures trop petites ne se feront pas : à l'exception des sandales ouvertes qui peuvent se porter une demi-taille en dessous, votre pied restera toujours à l'étroit. Et ce malgré le papier mouillé glissé à l'intérieur, la marche forcée avec de grosses chaussettes ou le « forcing » chez le cordonnier. Trop grandes ? S'il s'agit d'escarpins, oubliez-les ! Votre pied sortira toujours, ce sera vilain. En revanche, avec des bottines ou des bottes, vous pouvez ajouter une semelle pour combler le vide.

Il n'y a plus votre taille pour ce vêtement ?

À part les T-shirts, les pulls et les sweats qui peuvent se porter amples, oubliez les vestes, les manteaux et les chemises trop grands pour vous (les épaules tombantes et les manches trop larges, c'est moche) ou trop petits (un haut qui tiraille sur la poitrine, c'est affreux). Idem pour les robes et les pantalons qui tomberont toujours mal, même avec une ceinture.

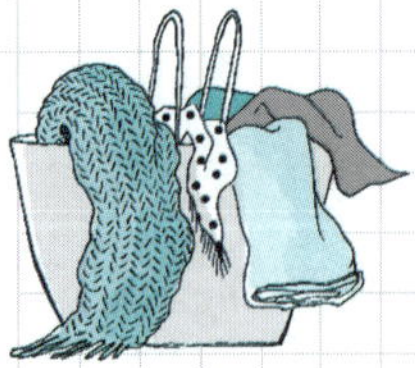

Il n'y a plus la couleur que vous vouliez ?

Et pourquoi vous laisser surprendre par ce bleu nuit ou ce rouge coquelicot qui réveillerait votre silhouette ? Méfiez-vous tout de même : si, au fond de vous, vous sentez que cette nuance ne vous ressemble pas, ne vous va pas au teint ou n'ira avec rien, passez votre tour.

C'est une marque qui vous fait rêver ?

Attention, ne vous laissez pas seulement guider par un nom. C'est le vêtement qui doit vous plaire. À quoi sert une pièce griffée si vous ne la portez pas ?

C'est le *must-have* de la saison, il vous le faut !

En êtes-vous si sûre ? Ne risquez-vous pas d'être lassée au bout d'une semaine à force de le voir partout ?

Il y a une tache bizarre (fond de teint, rouge à lèvres...)

Et on vous soutient que « ce n'est rien » ? Ou bien il y a un accro et on vous rétorque que « ce n'est pas grave » ? C'est possible. Ou pas. Réfléchissez à froid. Il manque un bouton ? Le zip ne marche pas ? L'élastique est détendu ? Que de complications. À moins d'obtenir une ristourne qui payera la réparation, ne cédez pas à la tentation.

La chose est froissée sur cintre ?

Il y a de grandes chances pour que vous passiez votre vie à la repasser. Ça bouloche déjà ? Allez voir ailleurs. Un vêtement de mauvaise qualité se paie toujours trop cher.

C'est vraiment une affaire ?

Peut-être. Mais serez-vous capable de marcher avec des talons de 10 cm ? De porter une jupe qui arrive à mi-mollet ? Un manteau rose ? Un blouson rouge ? Une chemise à fleurs ?... C'est très bien d'avoir de l'audace, les soldes sont d'ailleurs l'occasion d'essayer des nouveautés, mais encore faut-il être (relativement) sûre de son coup. Alors, un grand « oui » à la chemise à fleurs qui vous permettra d'égayer vos pulls gris ou au blouson qui animera votre silhouette. Vous en êtes sûre.

C'est un superbasique ?

Très bien. Sauf si vous l'avez déjà en dix exemplaires à la maison.

Vous hésitez trop ?

Posez-vous la question : l'aurais-je payé au prix fort ? Vous avez la réponse. Vous hésitez vraiment beaucoup trop ? Passez la nuit sur l'objet de vos tergiversations. Si vous vous réveillez avec des étoiles dans les yeux, foncez. Une autre a été plus rapide ? Consolez-vous. Il n'était pas pour vous. Ce n'est pas une raison pour vous réconforter avec une chose que vous aimez moins.

Le placard des copines : on échange ?

Dis, tu me prêtes ta robe rouge ? Tu me passes tes chaussures dorées ? Et ton T-shirt Mickey, tu me le donnes ? Vous n'êtes pas dans une cour de récré mais devant la penderie d'une amie dont les vêtements vous plaisent. À moins que ce ne soit votre garde-robe que vos copines vous envient. Si certaines sont partageuses, comment en profiter ?

Vous avez la même taille ?

C'est plus simple ! Mais un vêtement qui tombe bien sur votre copine ne sera peut-être pas aussi performant sur vous. Ou inversement. Avec des mensurations identiques, l'une a peut-être plus de poitrine que l'autre, un dos cambré, des genoux en dedans, des attaches moins fines, des jambes plus courtes… Ne vous étonnez donc pas si la petite robe rouge qui lui va si bien ne vous met pas en valeur. Ou si votre jean fétiche lui fait de grosses fesses. Sans oublier la colorimétrie : prenez en compte le teint, la couleur des cheveux et des yeux. Si ce gris perle qui vous va si bien lui crée des cernes, ce n'est pas de votre faute. Ni de la sienne.

Vous n'avez pas le même style ?

Chacune d'entre nous a sa personnalité, une énergie qui lui est propre, une allure, une façon de se tenir… Ce doux mélange participe au style. Si votre robe glamour lui donne dix ans de plus, ne vous étonnez pas. Si sa veste cintrée rock vous transforme en écolière, ne vous en voulez pas. Vous êtes différentes, c'est tout.

Ça veut dire qu'on ne peut pas chiper les vêtements des autres ?

Non. Il faut juste s'attendre à un rendu différent. Et c'est peut-être une très bonne nouvelle !

Que peut-on emprunter sans risque ?

Tous les basiques, T-shirt, chemise, pull, à condition que leur couleur vous sied au teint.
Faites des essayages en évitant de vous comparer. Appropriez-vous le vêtement.
Emprunter des vêtements, c'est aussi faire travailler sa créativité ! Votre copine porte sa robe romantique à dentelle en été avec des ballerines ? Détournez-la avec vos bottines à lacets et un long gilet en laine.
Elle porte son sweat préféré uniquement avec son jean et ses baskets ? Donnez-lui un côté *preppy* (esprit collège anglais) en l'associant à une chemise imprimée dont vous laisserez dépasser le col, un pantalon marine et des mocassins.
Elle ne porte ses escarpins qu'avec des robes élégantes ? Essayez-les avec un pantalon en toile roulotté et une chemise masculine.

S'habiller mode et pas cher sans ressembler à tout le monde

Aujourd'hui, même avec des petits moyens, on peut avoir un style bien à soi sans dépenser des fortunes. Entraînez votre œil et n'ayez pas peur de travailler votre look. Les petits prix permettent justement d'oser davantage.

Partez à la chasse au trésor

Dans les grandes enseignes, type H & M, Zara, COS, Pimkie, Promod ou Camaïeu, si vous choisissez « la robe de la pub », le modèle mis en avant dans la vitrine ou l'imprimé du moment tellement reconnaissable, ne vous étonnez pas de voir votre vêtement sur tout le monde. Explorez les rayons à la recherche de la pièce peut-être moins spectaculaire mais que vous réussirez à mixer facilement.

Mixez

Évitez le total-look provenant du même magasin. Et ce quelle que soit la marque. Mêlez nouveautés et vêtements plus anciens, petits prix et pièces plus chères, grandes enseignes et petits créateurs, *cheap* et chic, couleurs claires et foncées… C'est le moyen de vous inventer des looks bien à vous.

Associez donc :

Une marinière avec une veste un peu trop classique.
Un pull avec un T-shirt dentelle qui dépasse en dessous.
Une chemise en jean avec un pantalon imprimé.
Un T-shirt à message avec une veste de smoking.
Un perfecto avec une blouse en soie.
Une chemise à petits pois avec une veste rayée.
Une veste militaire avec une robe romantique.
Un short en cuir avec une chemise blanche un peu large.
Un haut orange avec un manteau camel…

Pensez aux accessoires

Ce sont eux qui feront la différence et insuffleront de l'esprit à vos tenues !

N'hésitez pas à porter :

Un gros foulard sur un pull tout simple.
Un carré de soie ou de coton sur un T-shirt.
Un chapeau d'homme avec une robe de plage.
Des sneakers avec une robe-pull.
Des baskets blanches avec un pantalon masculin.

Des talons avec un chino.
Des collants fantaisie avec une robe sage.
Des chaussettes en lurex avec toutes les chaussures.
Des bottes motardes avec une jupe droite trop basique…

Customisez !

C'est mieux d'avoir des doigts de fée ou de connaître une bonne couturière pour raccourcir une jupe ou reprendre un pantalon. Mais même sans machine à coudre, on peut se débrouiller pour transformer un vêtement.

Mode d'emploi

1. Pour transformer un T-shirt en débardeur, coupez le décolleté d'un coup de ciseaux franc en suivant la couture. Puis coupez les manches en faisant un bel arrondi sur les côtés.
2. Raccourcissez le haut et le bas d'un sweat avec le même coup de ciseaux, il sera plus féminin.
3. Remplacez les boutons en plastique par des boutons chinés ou récupérés d'un vêtement que vous ne portez plus.
4. Roulez le bas d'un pantalon droit jusqu'à la cheville ou un peu plus haut pour lui donner du style et vous allonger la jambe.
5. Enlevez le col en fourrure synthétique pas jojo d'une veste et portez un gros chèche pour avoir chaud et ajouter de la couleur.
6. Cousez des perles ou des sequins sur un top.
7. Appliquez des strass sur un pull.
8. Fixez un joli pin's sur un bonnet.

Apprenez à faire les fripes et les vide-greniers

Mais pas n'importe comment. On peut tomber sur des perles ou sur d'affreux machins.

Choisissez les pièces qui vous ressemblent. Un vêtement vintage doit vous correspondre lui aussi.

Soyez précise et ne vous précipitez pas tout de suite sur le bac à « 2 euros ». Cherchez la pièce qui vous manque : veste militaire, foulard, pull marin, caban, T-shirt bariolé, sweat, chemise à carreaux, cape, kimono, short en cuir, sac façon croco…

Avant de craquer, transposez votre trouvaille dans votre penderie : elle colle avec vos basiques ? C'est un vrai plus ? Bingo.

Inspectez le vêtement sous toutes les coutures. Traces de rouille ? Jaunissement ? Méfiez-vous, ce genre de taches et d'auréoles ont un mal fou à partir. Si elles partent.

Reniflez. Un vêtement qui a pris l'humidité est fichu. L'odeur de moisi ou de vieux grenier est terriblement tenace.

Découvrez les petits créateurs et les boutiques éphémères

Poussez la porte des petites boutiques

Elles proposent des marques très peu connues : c'est l'occasion de découvrir des vêtements qui sortent des critères mode du moment. Il ne s'agit pas d'applaudir à tout-va, mais de trouver les vêtements qui vous emballent. Quelle joie de porter une pièce différente !

Guettez les pop-up stores

C'est la tendance du moment : les petites mains n'ayant pas toujours les moyens de s'offrir une boutique ou de se faire connaître, elles sont de plus en plus nombreuses à se regrouper pour organiser des ventes d'un week-end ou d'un mois. L'occasion d'aider ces créateurs à travailler leur passion et de découvrir des vêtements et des accessoires que vous ne verrez pas dupliqués en des milliers d'exemplaires. Mais là aussi, allez vers ce qui vous correspond : « fait avec amour » ne veut pas toujours dire « fait à votre goût ».

Sur le web…
etsy.com : du vintage, du fait main, des petites quantités, des fournitures venues du monde entier.
alittlemarket.com : bijoux, mode, déco… que des créations faites main.

Apprenez à chiner sur eBay

Avec les dépôts-ventes de quartier ou en ligne, c'est une façon de trouver des vêtements que vous ne verrez pas sur tout le monde.

Dépassez les frontières

Il n'y a pas qu'eBay France. Pensez aussi à l'Italie, aux States, à l'Angleterre… Les modeuses ne sont pas les mêmes ! Les prix non plus. Vous aurez plus de chances de tomber sur des merveilles que personne n'aura.

Flairez les arnaques

Le site eBay fait un gros travail de lutte anti-contrefaçon. Mais contrairement à d'autres sites comme VestiaireCollective.com, où chaque pièce subit un contrôle drastique avant d'être expédié à son acheteur, sur eBay vous ne pouvez que faire confiance au vendeur. Méfiez-vous des articles neufs de Hongkong ou de Chine, même avec la photo de l'étiquette, laquelle peut être fausse. Préférez les objets vendus par des eBayeurs bien notés : consultez toujours les appréciations. Si vous le pouvez, choisissez la remise en main propre (un vendeur hésite plus à remettre une « daube » en direct).

Enchérissez au dernier moment

Pas la peine de faire monter les enchères trop vite. Optez pour des chiffres à décimale plutôt que ronds : vous avez plus de chances de remporter l'enchère avec un 125,89 euros.

Ne restez pas scotchée devant votre écran

Fixez votre enchère maxi, c'est-à-dire le seuil que vous n'auriez pas dépassé. Vous n'aurez pas de regret. Et peut-être une belle surprise en découvrant que vous avez gagné l'objet de vos rêves.

Prenez des cours de couture

C'est le retour du *do-it-yourself*, du tricoté et du cousu main. Un bon moyen pour celles qui sont douées de leurs mains de se démarquer de la standardisation du vêtement. Oui, mais il faut être motivée !

Dans toutes les villes, on trouve des cours de couture, pas du tout réservés aux mamies qui s'ennuient. Renseignez-vous auprès de votre mairie ou tapez sur un moteur de recherche « cours de couture » suivi du nom de votre ville. Vous devriez trouver votre bonheur pas loin de chez vous.

Si vous voulez vous lancer seule, aidez-vous d'un livre, à commencer par l'indispensable *La Couture pour les Nuls*, de Jan Saunders Maresh (éditions First) qui recense tout le matériel nécessaire pour débuter, vous explique les premiers pas et vous guide vers la retouche ou vers des travaux plus complexes.

Inspirez-vous des tutoriels vidéo des pros, (Mondial Tissus par exemple) ou des couturières inspirées et inspirantes : Cozy Little World, République du Chiffon, Jolies Bobines, Lola Couture… Leurs travaux risquent bien de vous donner envie.

Chapitre 9

Comment faire votre valise sans vous prendre la tête ?

À part les voyageuses « road trip sac à dos », rares sont celles qui réussissent à se contenter du minimum vital. On aimerait emporter toute sa vie. Par peur de manquer. Pour avoir le choix. Pour changer. Pourtant, à chaque fois, c'est pareil, on délaisse un tas de choses au fond de sa valise. Comment être raisonnable sans se frustrer ?

Pour un week-end en amoureux

Misez sur des tenues à la fois confortables et sexy. Soyez fraîche !

Été

Le jour

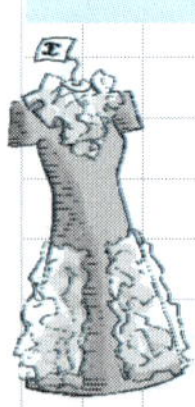

Une robe fluide OU une chemise colorée
+ un short en cuir ou un pantalon léger à roulotter
+ des bracelets joncs + des créoles
+ des jolies sandales

Le soir

Une robe décolletée dans le dos OU une chemise transparente sur un soutien-gorge bandeau
+ un pantalon 7/8
+ un sautoir et un bracelet manchette
+ des sandales à talon
+ une veste courte manches 3/4
Une nuisette en soie + de la jolie lingerie

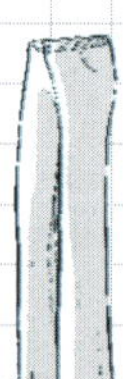

Hiver

Le jour

Une chemise imprimée + un pull uni
+ une jupe (ou une robe courte en laine ou un pantalon imprimé)
+ des collants épais
+ des bottines dorées

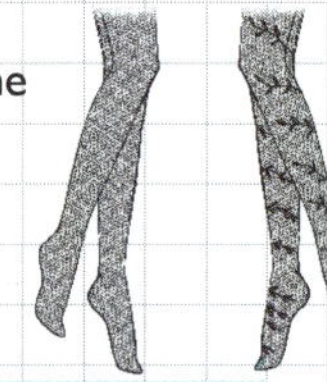

Le soir

Une robe de fête
OU un pull à sequins décolleté
+ un pantalon fuselé
+ des bottines hautes
+ des grandes boucles d'oreilles
Un manteau cape + un chèche coloré

3 jours en séminaire

Tout dépend des exigences vestimentaires de votre milieu professionnel. Toutefois, vous pouvez vous permettre plus de liberté que de coutume. Surtout si des activités physiques sont au programme.

Pour les conférences

Une robe simple
Un pantalon
Un T-shirt
Un top imprimé
Une chemise en jean
Un blazer court cintré
Un pull fin
Des chaussures sans chichis, style compensées
Un foulard
Une ceinture fantaisie

Pour le sport

Un legging court
Un débardeur loose
Une veste de sport
Des baskets

Pour le soir

Une robe un peu habillée mais pas stretch pour ne pas vous sentir boudinée
Un pantalon blanc
Une blouse en soie
Une pochette bariolée
Un gros collier
Des chaussures chic

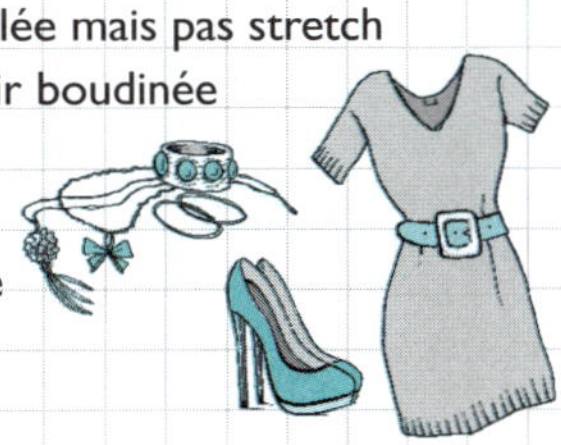

Un week-end cérémonie ou fête de famille

Une seule règle : ne pas concurrencer la mariée, ni les rois de la fiesta.

Pour le voyage et la détente

Une robe en coton ou polyester (évitez le lin et la viscose qui se froissent en deux secondes)
Un pantalon souple
Une tunique colorée
Une veste cardigan
Des chaussures faciles à vivre

Pour la fête

Une robe élégante et confortable (pas de robe stretch que vous allez réajuster sans cesse)
OU une combinaison pantalon en soie ou en polyester
Une veste boléro
Un minisac ou une pochette bijou
Un ras-de-cou
Une manchette
Des chaussures piquantes

La valise d'été

1 Choisissez des vêtements qui se combinent entre eux sans réfléchir

Une astuce : privilégier les teintes douces (framboise, jaune tendre, kaki, mandarine, carbone, bleu pétrole…), faciles à marier.

2 Pensez aux vêtements qui offrent des looks supplémentaires en se superposant

Deux débardeurs l'un sur l'autre, un T-shirt sous une chemise déboutonnée…

3 Comptez sur les vêtements à double usage

Le grand chèche en voile de coton qui fait tour de cou, étole, paréo ou drap de plage ; la chemise en jean qui fait aussi office de veste ; la grande chemise blanche qui jongle de minirobe de plage à chemise décolletée, à glisser dans un short pour le soir…

4 N'emportez que des vêtements que vous aimez

Pourquoi auriez-vous subitement envie de porter une robe ou un top que vous délaissez toute l'année ? Faisons le point sur les vêtements à privilégier…

- Un jean ou un pantalon en toile de coton (pas de lin qui froisse trop)
- Un short en jean (plus ou moins long)
- Un short long en toile
- Un legging fin nude, à porter sous une longue tunique ou une robe légère

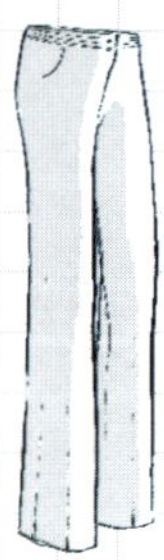

- Un cardigan
- Un pull
- Un blouson coupe-vent

- Des spartiates
- Des claquettes de plage
- Des sandales bijoux
- Des baskets

- Une robe tunique, à ceinturer ou non
- Une robe blanche, au genou ou longue
- Une robe loose

- Un ceinturon en cuir naturel
- Une ceinture bijou ou une lanière fine

- Un marcel blanc
- Deux débardeurs colorés ou imprimés
- Trois T-shirts colorés
- Un caraco en soie
- Une marinière manches longues
- Une chemise en jean
- Une chemise blanche
- Une tunique bariolée

- Des bijoux gri-gri
- Un bijou fantaisie du soir

- Un chèche
- Un chapeau de paille

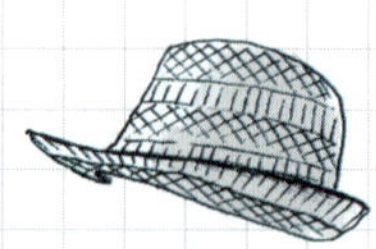

Comment ranger votre valise ?

Placez tout ce qui est lourd au fond de la valoche ou réparti sur les côtés : les livres de poche, les chaussures dans des pochons individuels pour prendre moins de place.
Divisez votre trousse de toilette en 2, 3 ou 4 trousses : les produits solaires ; les gels douche, shampooing et démaquillant ; le make-up ; la pharmacie.
Roulez les vêtements (gain de place) et glissez-les dans deux taies d'oreiller.
Glissez un sac pliable supplémentaire (pour les souvenirs !).

La valise d'hiver

Reprenez les principes de la valise d'été : choisissez des vêtements versatiles, évitez les pièces que vous n'aimez pas, préférez les superpositions…

Au chaud !

Pour ne pas vous charger en pulls XXL, faites l'oignon en multipliant les couches fines :

- Un collant sous un pantalon.
- Des chaussettes cuissardes sur des collants.
- Un débardeur en laine et coton sous une chemise.
- Un T-shirt manches longues en microfibres sous un pull.
- Une doudoune poids plume sous un manteau.
- Des semelles en feutre ou en laine dans toutes les chaussures.

Sur les pistes

Optez pour des dessous techniques (T-shirt, caleçons) : ça tient chaud sans engoncer, ni faire transpirer.

- Des T-shirts manches longues
- Une polaire
- Un pull fin
- Un cardigan long
- Une robe fluide
- Une robe-pull
- Un slim velours stretch
- Un pantalon molleton
- Des collants en laine
- Des collants fins
- Des grosses chaussettes
- Des gants
- Un snood (écharpe tube)
- Un foulard
- Deux bonnets
- Des bottes fourrées
- Des bottines caoutchoutées

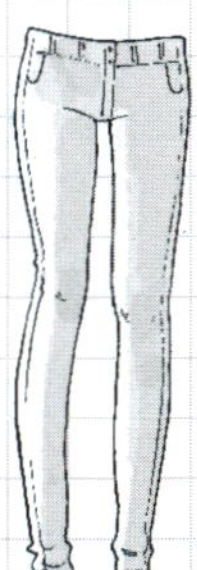

Chapitre 10

Gardez vos vêtements longtemps

Une penderie qui dure, ce sont des vêtements choisis avec soin et des vêtements entretenus avec amour.

Faut-il respecter les consignes ?

Aujourd'hui, pour limiter la casse (ou la fâcherie), plein de marques préconisent le lavage à sec. Point barre. Mais qui a envie de passer sa vie au pressing et d'y laisser ses économies ? On peut souvent passer outre les recommandations à condition d'être raisonnable : ne pas laver ces vêtements à plus de 30 °C, choisir un essorage doux et éviter le séchage en machine.
Mais attention, le nettoyage à sec est inévitable pour les manteaux et les vestes qui perdraient leur forme au lavage. Ne tentez pas non plus l'expérience avec les pièces délicates pour lesquelles vous avez mis le prix : les bords d'une robe en soie peuvent vriller, un pull 100 % laine aura besoin d'être lavé à la main, la viscose aura tendance à rétrécir.
En cas de doute, préférez le lavage à la main ou le programme laine à froid, avec un essorage très limité, voire pas d'essorage du tout. Et surtout, évitez le sèche-linge qui casse les fibres et a tendance à transformer toute votre lessive en taille 12 ans.

Décodez les étiquettes

Température : La petite cuvette chiffrée indique la température maxi autorisée. On ne discute pas !

Eau de javel : Si le triangle est barré, ne vous amusez pas à mettre une goutte d'eau de javel.

Repassage : Le fer n'est pas barré ? Vous pouvez sortir la planche à repasser.
1 point = fer basse température. 2 points = fer à température moyenne.
3 points = fer chaud.

Nettoyage à sec : Le cercle est barré ? Oubliez le nettoyage à sec.

Sèche-linge : Le carré est barré ? Séchage à l'air libre o-bli-ga-toire.

Comment laver le cachemire et l'alpaga ?

Votre pull vous a coûté un bras et vous avez peur de le laver ? Erreur : le cachemire et l'alpaga de qualité deviennent encore plus beaux et plus doux une fois lavés. Diluez dans de l'eau très légèrement tiédie une lessive spéciale laine (un peu de shampoing doux ou du savon de Marseille en paillettes). Plongez-y votre pull chéri, pressez-le délicatement sans le laisser tremper. Rincez-le à la même température sans le tordre. Roulez-le dans une serviette pour évacuer l'eau. Et faites-le sécher à plat (pas sur un radiateur !).

Les vrais bons amis

Le savon de Marseille : Avant de mettre le linge dans la machine à laver, frottez le savon humide sur les zones clés (dessous de bras, col de chemise, revers de pantalon…).

Le vinaigre blanc : Ce *killer* de calcaire a le don d'assouplir les vêtements, de fixer et de raviver les couleurs. Pensez à en ajouter un demi-verre dans le compartiment « assouplissant » de la machine.

Le bicarbonate de soude : Il détache, assainit le linge et désodorise. Une cuillerée à soupe dans le compartiment assouplissant, et cette odeur de moisi qui parfume votre lessive disparaîtra. Très utile aussi pour l'intérieur des baskets des sportifs.

La terre de Sommières : Elle fait son affaire des taches de gras qu'elle engloutit miraculeusement. À condition de réagir vite. Si le gras est incrusté, c'est trop tard. Saupoudrez largement sur la tache et laissez agir pendant 3 heures. Le miracle opère aussi bien sur du textile que sur du cuir ou de la peau.

Session de rattrapage

Votre pull chéri a perdu deux tailles ? Laissez-le barboter une demi-journée dans de l'eau tiède additionnée d'une dose d'après-shampoing. Roulez-le dans une serviette pour l'essorer avant de le faire sécher à plat en étirant doucement le corps et les manches. À faire plusieurs fois pendant le séchage.

Votre chemisier en mousseline de soie ressemble à un top de petite fille ? C'est normal. Repassez-le à la vapeur, la chaleur l'aidera à retrouver sa taille initiale.

Vos baskets blanches sont grisâtres ? Logique. Étalez du dentifrice sur une vieille brosse à dents et frottez. Rincez à l'eau et laissez-les sécher.

Ça bouloche ? Étalez votre pull, veste, manteau ou écharpe bien à plat et munissez-vous d'un mini-aspirateur à bouloches (doté d'un réservoir et de plusieurs hauteurs de coupe). Indispensable et bien plus sécurisé qu'un rasoir à main. Où le trouver ? Dans toutes les drogueries et « bazars » pour quelques euros.

Au cirage !

Le cuir, ça se patine. S'il est bien nourri.

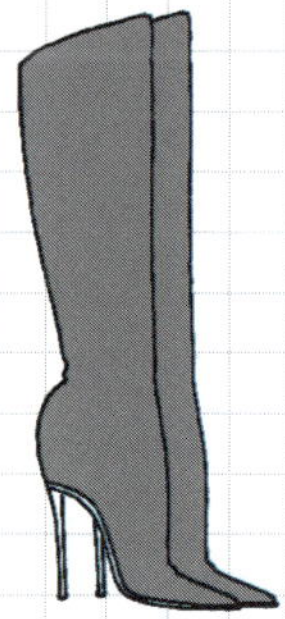

Avant de cirer vos chaussures, débarrassez-les de la poussière avec une brosse ou un chiffon.

Nourrissez le cuir avec un cirage ou une crème (pour les cuirs fins) en évitant absolument les éponges prêtes à cirer bourrées de silicone qui font briller en deux secondes mais font craqueler le cuir. Optez pour un « soin » à base de cire d'abeille, plus cher, mais tellement plus respectueux de la matière. Vos souliers vivront mieux, donc plus longtemps.

Faites briller en frottant avec un chiffon tout doux ou des collants.

Le daim, ça se peaufine

À force de porter vos chaussures, des petites plaques brillantes se sont formées et des petites taches apparaissent ? Pour leur redonner un meilleur aspect, frottez tout doucement en cercles avec une gomme spécial daim ou du papier de verre extrafin.

Vous avez les pieds trempés ?

N'allez pas faire sécher vos chaussures devant le radiateur, malheureuse ! Le cuir se déformerait et craquèlerait tout de suite. Et à l'arrivée, des souliers raides ! Bourrez-les plutôt de papier journal et, si la semelle est en cuir, posez-les sur la tranche en les laissant tranquilles. Vous les nourrirez une fois qu'elles seront bien sèches.

Conclusion

Et maintenant, action !

Complice, libérateur, bienveillant… c'est ainsi que j'ai envisagé ce guide. J'espère qu'il vous aura aidé à revisiter votre penderie et peut-être à aller voir ailleurs, histoire de vérifier que s'habiller n'est pas si compliqué… Que c'est même un chouette plaisir !

Mais je vous imagine avec vos dix pulls noirs en trop ou encore avec cette robe jamais portée que vous détestez mais que vous ne vous décidez pas à jeter… Et vous qui ne supportez plus la moitié de vos affaires, vous qui n'aimez plus faire du shopping, ou bien vous qui aimez vraiment trop ça… Malheureusement, je ne suis pas dans votre garde-robe avec une baguette magique. Alors, je vous invite à continuer à vous inspirer des conseils de ce cahier dans lesquels vous vous retrouvez le plus. Soulignez les passages qui vous parlent, relisez-les régulièrement, dans l'ordre ou le désordre. Et notez vos progrès ! Il y en aura, vous verrez.

Pas de précipitation, ni de pression, ni de travaux forcés… Progressez à votre rythme. C'est la meilleure façon de faire évoluer votre style. Ou de le trouver enfin.

Et maintenant, interrogez-vous : qu'avez-vous envie de donner, d'essayer, de faire entrer chez vous, de customiser ? Prenez vos looks préférés en photo et suivez vos aventures vestimentaires. N'oubliez pas que le style, ça bouge toute la vie.

Surtout, amusez-vous !

Carnet d'adresses

Sur le Web

Les petits prix

www.laredoute.fr : Un classique. Le plus : les collaborations avec les noms de la mode qui affolent les fashionistas et des rabais toute l'année.
www.3suisses.fr : L'autre grand nom français de la vente à distance nous gâte lui aussi avec des collections capsules. Et toujours des promos intéressantes.
www.balsamik.fr : De la mode facile à vivre et pétillante pour les femmes qui ont envie de gommer leurs petits défauts et de se mettre en valeur.
www.asos.fr : Le site anglais préféré des filles qui aiment la mode. Pour tous les goûts, tous les prix et toutes les tailles (les « petites », les « grandes » et les « rondes » ne sont pas oubliées).
www.fr.topshop.com : La boutique en ligne de l'emblématique boutique anglaise avec les *must-have* de la saison.
www.urbanoutfitters.com : Des milliers de vêtements, du girly, du casual à petits prix pour cette grosse boutique *made in US*.
www.revolveclothing.fr : Une offre de marques « créateurs » présentée par catégorie (sexy, bohème, tomboy, classique…)
www.nelly.com : Un site suédois de références pour les 18-35 ans qui aiment jouer avec la mode.
www.freepeople.com : La mode bohème venue des États-Unis.

Les créateurs

www.lexception.com : La plus belle sélection de créateurs français indépendants. Avec une livraison gratuite par coursier dans la journée pour les Parisiennes.
www.modetrotter.com : Une offre pointue des créateurs les plus en vogue du moment et des looks mis en scène dans les grandes capitales.
www.placedestendances.com : On trouve forcément son bonheur parmi les 250 marques de vêtements proposés.
www.monshowroom.com : Comment résister à ce choix de prêts-à-porter et d'accessoires ?
www.sezane.com : Manteaux, chemises, robes, chaussures… chaque mois, des essentiels désirables à saisir après inscription.
www.fr.carnetdemode.com : Les petits créateurs de demain, des sélections de pièces uniques et des promotions toute l'année.
www.thecorner.com : Luxe et jeunes créateurs pointus, une sélection haut de gamme basée sur un principe de « miniboutiques ».
www.theoutnet.com : La petite sœur du luxueux NetAPorter.com est l'outlet le plus chic de la Toile avec des marques prestigieuses à prix réduits.
www.yoox.com : Les fins de série de maisons de mode et de luxe. Intéressant !

www.vestiairecollective.com : Le plus chic et le plus joliment fourni des dépôts-ventes en ligne avec du luxe et des tendances.
www.lestrouvaillesdelsa.fr : Toutes les tendances bijoux sont là, une vraie caverne d'Ali Baba.
www.bottica.fr : Une plate-forme qui regroupe des créateurs indépendants de bijoux d'accessoires du monde entier.
www.nettementchic.com : Le site indispensable pour être guidée vers les plus belles adresses en ligne. Et des codes pour acheter avec des remises.

Les chaussures

www.sarenza.com : Avec plus de 770 marques à tous les prix et un bon choix de créateurs, la tête nous tourne.
www.departementduluxe.com : Des marques originales et de luxe, et des créateurs choisis, au goût très sûr.
www.spartoo.com : Beaucoup de choix sans chichis, du classique au plus casual.
www.office.co.uk : De la fantaisie et de l'audace pour un site à la sélection très *British*.

Les boutiques à Paris qui sortent des sentiers battus

Abou d'Abi Bazar : Petites robes, chemises, pulls, chaussures, bijoux, sacs, foulards… de quoi refaire une garde-robe en couleur. Trois adresses : 125, rue Vieille-du-Temple, 75003 Paris ; 33, rue du Temple, 75004 Paris ; 15, rue Soufflot, 75005 Paris.

L'Avant Scène : Une sélection féminine de jeunes créateurs de prêt-à-porter et d'accessoires. Et tout un vestiaire à louer entre 4 et 8 jours. 99, rue du Chemin-Vert, 75011 Paris.

Babel : Vêtements, accessoires, petits objets, un joli concept store qui mêle une sélection de petits créateurs à tous les prix. 55, quai de Valmy, 75010 Paris.

Brand Bazar : Une sélection bazar et sympathique des marques préférées des modeuses et une boutique en ligne. 33, rue de Sèvres, 75006 Paris.

La Maison Momoni : En direct d'Italie, une mode bohème, délicate et romantique sans être nunuche. 36, rue Étienne-Marcel, 75002 Paris.

Paperdolls : Des créateurs indépendants qu'on trouve rarement ailleurs, dans une grande boutique meublée comme un appartement. 5, rue Houdon, 75018 Paris.

Sept Cinq : Un chouette concept store accessoires et culture dédié à la création parisienne. 54, rue Notre-Dame-de-Lorette, 75009 Paris.

Séries Limitées : Toujours des bons choix et des conseils pour des looks qui changent. 20, rue Houdon, 75018 Paris.

Découvrez tous nos cahiers pratiques et notre catalogue sur :
www.solar.fr

Direction
Jean-Louis-Hocq
Direction éditoriale
Suyapa Hammje
Direction d'ouvrage
Nathalie Riché
Coordination éditoriale
Juliette Collonge
Édition
Iris Odier
Couverture
Stéphanie Brepson
Mise en page
Nord Compo
Fabrication
Céline Premel-Cabic

ISBN : 978-2-263-06835-5
Code éditeur : S06835
Dépôt légal : mai 2015
Imprimé en France par Laballery - 503345

Solar | un département place des éditeurs